拼多多
运营一本通

蒋珍珍◎编著

化学工业出版社

·北京·

内容简介

《拼多多运营一本通》侧重讲解店铺引流和转化技巧，帮助商家快速提升销量。本书共分为12章，系统地讲解了搜索推广、场景推广、提升排名、选词养词、人群定向、创意优化、测图测款、提升ROI、付费推广、多多进宝、推广工具、推广活动等内容。一本书就可以掌握拼多多运营实战打法，轻松打造畅销爆款。

本书是一本可以随时查阅的工具书，适合拼多多的品牌商家、创业者、电子商务从业者参考学习，可作为企业电商岗位培训教材，还可供拼多多相关从业人员参加就业培训、岗位培训使用。

图书在版编目（CIP）数据

拼多多运营一本通/蒋珍珍编著．—北京：化学工业出版社，2020.10（2025.5重印）
　ISBN 978-7-122-37595-7

　Ⅰ．①拼…　Ⅱ．①蒋…　Ⅲ．①网店‐运营管理　Ⅳ．①F713.365.2

　中国版本图书馆CIP数据核字（2020）第158784号

责任编辑：刘　丹　　　　　　　　　　　　　装帧设计：王晓宇
责任校对：王佳伟

出版发行：化学工业出版社（北京市东城区青年湖南街13号　邮政编码100011）
印　　装：涿州市般润文化传播有限公司
710mm×1000mm　1/16　印张17　字数304千字　2025年5月北京第1版第4次印刷

购书咨询：010-64518888　　　　　　　　　　售后服务：010-64518899
网　　址：http://www.cip.com.cn
凡购买本书，如有缺损质量问题，本社销售中心负责调换。

定　　价：59.00元　　　　　　　　　　　　　版权所有　违者必究

刘朝林 | 汇学教育教学部经理，汇学电商学院导师，拼多多官方邀请分享讲师，天猫淘宝、拼多多方向运营讲师

读完这本书，我的感觉它就像是一个"电商运营操盘手"，不仅内容定位准确，注重用户价值，而且书中的干货技巧涵盖了店铺推广运营的各个方面，很有实战意义，非常适合工作繁忙的拼多多店铺运营者们利用碎片化时间去学习和充电。

沈乙军 | 汇学电商学院金牌讲师，拼多多官方邀请分享讲师，天猫淘宝、拼多多方向运营讲师

电商都很忙，希望用碎片时间来学点干货提升自己，提高店铺的销量。本书就是不错的选择，书中有各种"潮"的玩法，各种实用的操作经验，能够帮助大家轻松提高自己。

聂小婷（crystal） | 茵古品牌联合创始人、听茶沐风服装旗舰店创始人、服饰品牌运营管理规划师

拼多多正飞速发展，平台的社交推广玩法非常多。本书抛开抽象的理论，从实务操作的角度出发来介绍拼多多的各种运营知识。不仅可以帮助中小卖家和新商家系统化地了解拼多多，对资深拼多多运营者来说，也有很好的借鉴作用。

颜英宇 | 深圳市辰源时装有限公司创始人

作者将自己多年的电商运营实操经验凝聚在本书中，是一本不可多得的拼多多运营指导书籍。本书介绍了一个拼多多店铺是如何运营和推广的，讲解非常到位。看完本书，即使是新手商家，也可以马上上手运营店铺。

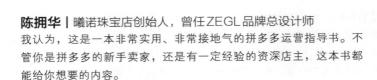

陈拥华 | 曦诺珠宝店创始人，曾任 ZEGL 品牌总设计师

我认为，这是一本非常实用、非常接地气的拼多多运营指导书。不管你是拼多多的新手卖家，还是有一定经验的资深店主，这本书都能给你想要的内容。

- -

李晓璇 | 木子原创店创始人

拼多多自上线以来，已经成功帮助很多品牌、企业和创业者打造爆款，赚到真金白银。本书围绕拼多多平台的运营推广逻辑，布局大量的实操技巧，帮助商家提升产品点击率、转化率和投入产出比，在拼多多平台上实现自己的销售目标。

- -

苏婷婷 | 广州佰依佰顺贸易有限公司创始人、爱果日记官方旗舰店创始人

作者是专门服务于拼多多卖家的经验丰富的培训导师，本书是作者的实践经验分享，也是他为广大拼多多卖家量身定制的落地实操教程，能够帮助卖家快速成长，创造出更大的个人价值。

- -

钟荣良 | 阿良果业创始人、赣州阿良文化传播有限公司创始人

本书是关于拼多多运营的实操书，作者的写作思路非常严谨，不仅保证了内容的逻辑性和条理性，还具有极强的指导性和可操作性，能够有效帮助拼多多卖家找到店铺运营的制胜点。

前言

　　成立于2015年9月的"新电商开创者"拼多多致力于将娱乐社交的元素融入电商运营中，通过"社交＋电商"的模式，让更多用户带着乐趣分享实惠，享受全新的共享式购物体验。

　　拼多多平台成立至今，已经汇聚近6亿的年度活跃买家和360多万活跃商户。拼多多财报显示，2019年营收达到了301亿元，较上一年同比增长130％。

　　根据第三方数据平台App Annie于2020年4月9日发布的《全球热门应用2020年第一季度》榜单，拼多多MAU（Monthly Active User，月活跃用户）已经超过了淘宝。

　　另外，拼多多通过提供大量的免费流量活动和付费引流工具，大幅降低了商家的营销成本，帮助商家通过"现象级"爆款迅速赢得消费者的信赖，树立品牌形象。

　　拼多多疯狂崛起的背后，其实是一场社交流量和电商产品的完美结合。"社交"是拼多多的最大优势所在，同时，拼多多的"拼团"购物模式也在微信社交圈中产生了强大的裂变引流效应。

　　如今，拼多多店铺运营推广并不缺技术，思路反而更加重要！只有了解了平台的算法机制和推广规则，运营才能够更加得心应手。本书为大家打开拼多多的运营推广思路，帮助大家快速掌握各种引流新玩法。本书也详细介绍了拼多多的各种推广工具和活动，教大家用更小成本收获更大流量！

　　笔者在本书中深入剖析了拼多多运营的本质，以推广运营等商家更关心的核心内容为切入点，脉络清晰地呈现了拼多多店铺推广运营的整个流程和核心要点。看完本书，读者只需循着笔者的讲解，即可轻松掌握拼多多运营的本质。

本书的主要内容和特色亮点如下。

① 4大核心版块，全方位精准化剖析。本书通过拼多多的"爆款打造＋流量倍增＋排名优化＋转化率提升"4大核心内容版块，直击店铺运营痛点，精准聚焦广大商家在开店运营过程中碰到的重点难题，帮助商家打破店铺运营壁垒，一站式解决店铺运营难题。

② 12大课程体系，全方位细致化学习。本书包括"搜索推广：助力自然流量提升""场景推广：抢占站内优质资源""提升排名：抓住流量来源入口""选词养词：精准快速展现产品""人群定向：精准触达目标人群""创意优化：提升广告投放效果""测图测款：快速测出潜在爆款""提升ROI：快速提升爆款销量""付费推广：助力商家冲量登榜""多多进宝：商家赋能快速爆量""推广工具：精细运营提升转化""推广活动：挖掘更多隐性流量"，揭秘店铺从无人问津到成为全网销售冠军的思维、策略、方法与技巧。

③ 168个实操干货，全方位一体化讲解。书中有大量的图示案例，内容环环相扣。每种推广的设置方法都配有具体、细致的操作步骤，方便读者深层次地理解书中内容并执行操作。

本书具有很强的实用性和可操作性，适用于刚进入拼多多的新手卖家、有志于在拼多多创业的个人，也可作为培训机构和大专院校相关专业的参考教材，同时也可供有一定经验的拼多多卖家学习借鉴。

在众多的拼多多网店中，那些能够坚持下来并且还能盈利的店铺，其经营者无不在持续地升级店铺的运营工具和思路策略。因此，不管你选择在哪个电商平台开店，都需要用心经营，并且不断地提升自己的软实力，本书正是帮助你成长的"一剂良方"。

本书由蒋珍珍编著，在编写过程中，得到了广州汇学电商培训机构创始人兼校长倪林峰，以及汇学电商学院导师、拼多多官方邀请分享讲师刘朝林、沈乙军的大力指导，特别是茵古品牌联合创始人、听茶沐风服装旗舰店创始人、服饰品牌运营管理规划师、服装零售管理导师聂小婷的大力帮助，在此表示特别感谢！

由于笔者知识水平有限，书中难免有疏漏之处，恳请广大读者批评、指正，联系微信：157075539。

编著者

目录

第3章

058　提升排名：抓住流量来源入口

第4章

选词养词：精准快速展现产品

143　第7章
测图测款：快速测出潜在爆款

162

第8章
提升ROI：快速提升爆款销量

第11章

217

推广工具：精细运营提升转化

235

第12章
推广活动：挖掘更多隐性流量

第**1**章

搜索推广：
助力自然流量提升

在拼多多平台开店的竞争已经越来越大，单靠免费流量很难获得订单。为此，平台推出了很多付费推广工具，其中最常用的有搜索推广、场景推广和明星店铺等。搜索推广主要是通过关键词竞价来让商品获得更高的排名，可以更好地为商品和店铺引流，从而提升商品销量。

1.1 搜索推广：2大要点，轻松玩转CPC

很多新手商家在拼多多平台上开店运营时，都会碰到下面这些问题。

- 买家在搜索商品名称时，找不到该商家的商品。
- 买家在搜索结果中看到了该商家的商品，但对其没有购买的兴趣。
- 商家的精准客户群不明确。

当商家存在这些问题时，可以利用搜索推广来很好地解决。搜索推广不仅能够精准投放，从而让商品实现精准曝光，给商家带来更多潜在消费人群；还可以实现精准转化，其带来的消费者都是有明确购买意向的买家，能够有效关联店铺中的其他商品，形成连锁反应，带动整个店铺的商品销量。

搜索推广是一种典型的CPC(Cost Per Click，每次点击的成本)推广方式，只按点击收费，展现不扣费，引流成本比较低。同时，搜索推广支持相关人群定向，可以抓取更精准的流量。

1.1.1 工作原理：解密搜索推广的逻辑

什么是搜索推广？买家在搜索商品时，商家只要购买相应的关键词，即可让自己的商品从万千商品中脱颖而出，快速被买家看到。买家在搜索某个关键词时，从结果页的第一个商品开始，每6个商品就有1个搜索推广广告位，如图1-1所示。

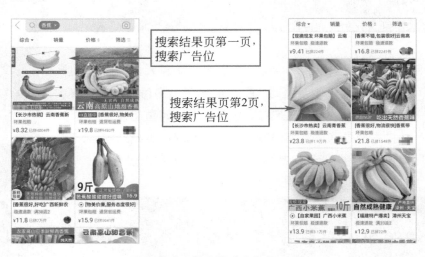

图1-1　搜索推广广告位

搜索推广的排名机制为：$1 + 6n$（n可以为任意整数）。例如，在搜索结果页面中，第1、7、13、19、25、31、37等位置，都可能是搜索推广的商品。搜索推广的工作原理和逻辑如下。

① 买家搜索某个商品关键词，如"香蕉"。

② 系统筛选平台上所有包括"香蕉"关键词的相关商品。

③ 搜索引擎根据系统的筛选结果，同时依据商品的销量、点击率等维度进行判断，对商品进行排序。

搜索推广的展示结果是"千人千面"的，系统会根据每个用户的需求和偏好，向其推广不同的商品。商家可以通过搜索推广的方式，使自己的商品出现在搜索结果页的前面。

影响商品关键词排名的要素包括以下两个方面。

① 关键词质量分：受到关键词相关性、类目相关性、推广商品质量、创意质量和买家体验等因素的影响，这是一个能够衡量关键词与商品推广信息及用户搜索意向相关性的综合性指标，如图1-2所示。

图1-2 关键词质量分

② 关键词出价：商家给关键词出价越高，商品的展示位置越靠前。

1.1.2 目标意义：知晓搜索推广的作用

搜索推广的作用非常大，主要包括测图测款、提升质量分、提升销量、精准引流以及提高投产比等。

（1）测图测款

搜索推广可以对商品款式进行测图测款操作，让商家了解这个商品有没有成为爆款的潜质。如果测试后商家发现这个商品有爆款潜质，则可以在后期增加推广力度；如果测试出商品没有爆款潜质，则可以降低推广力度，或者下架，更换商品。

测款的主要目的，是通过精准客户对商品进行检验，通过数据分析帮助商家更好地把控店铺后期的运营。

例如，在某个"小吊带背心"商品的搜索推广创意中，可以看到有5张不同的创意图，这些创意图的曝光量、点击量、点击率、花费和投入产出比等数据各不相同，商家可以从这些维度去判断，找到质量更高的创意图，如图1-3所示。

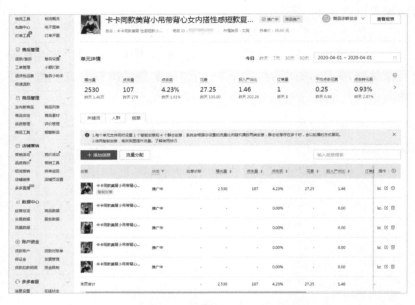

图1-3　通过测图找到好的创意图

（2）提升质量分

通过搜索推广进行测图测款后，商家可以筛选出更好的商品和创意图，使点击率高于行业平均水平，从而提升商品的质量分。如图1-4所示，在该推广单元中，某些关键词的质量分仅为2分，高的也只达到了7分，而满分为10分，说明这些关键词的质量分还有很大的优化空间。因此，商家可以通过"养分"来提升关键词的质量分，让关键词获得更可观的流量，从而让商品获得更理想的推广效果。

另外，提升质量分还能够有效降低出价，当推广计划的关键词质量分越高时，出价就会越低，这样就降低了推广成本。

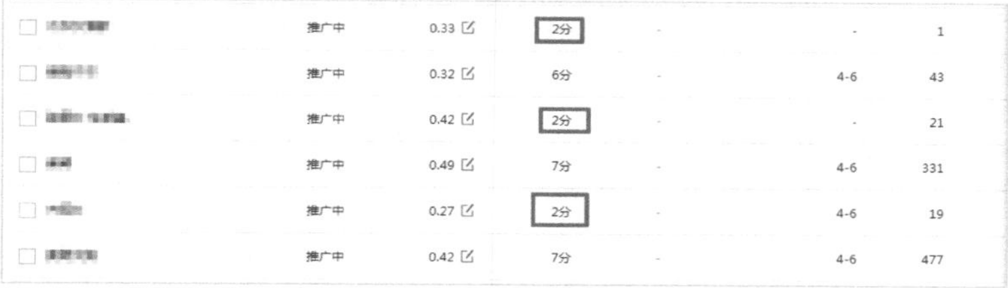

图1-4 根据质量分指标找出需要优化的关键词

（3）提升销量

拼多多平台的搜索流量非常大，是获得商品成交的主要渠道之一。搜索推广能够提升商品的GMV（Gross Merchandise Volume，成交总额）以及订单量。

当商品关键词的质量分足够高的时候，PPC（Pay Per Click，指按点击付费广告模式，这里指平均点击花费）会随之下降。这样，商家就可以每天通过稳定的推广预算来获取大量的流量，从而快速打造单品爆款。

（4）精准引流

当商品投放搜索推广计划后，买家通过搜索关键词进入到商品的详情页进行下单购买，系统会给这些买家打上精准的标签，这样商家也匹配到更多精准的人群。

同时，商家可以通过搜索推广快速获取搜索入口的权重，增加商品的点击率、转化率和产值。

（5）提高投产比

投产比是投入产出比（Return on Investment，ROI）的简称，即搜索推广点击每花费1元在14天转化周期内带来的支付交易额，如图1-5所示。

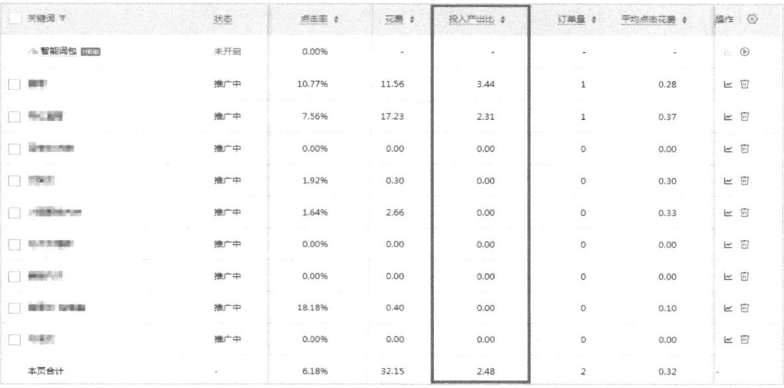

图1-5 查看关键词的投入产出比

在投放推广计划时，投入产出比的数值越高，说明广告效果越好。投入产出比的计算公式如下。

$$投入产出比 = 点击量 \times 转化率 \times 商品单价 \div 总推广花费$$
$$= 交易额 \div 推广花费$$
$$= 转化率 \times 商品单价 \div 平均点击花费（PPC）$$

1.2 创建计划：6大步骤，快速投放推广

搜索推广功能入口位于拼多多管理后台的"推广中心→推广计划"界面，如图1-6所示。

图1-6　搜索推广功能界面

当商家准备使用搜索推广来推广一个新的商品时，可以通过以下3种方法进行。

① 选择已有推广计划。进入"多多搜索→推广计划列表"页面，选择一个推广计划，进入推广计划的详情页面，单击"新建单元"按钮创建新的搜索推广计划单元，如图1-7所示。

② 新建计划后继续添加商品推广。当商家创建了一个新的搜索推广计划后，可以在计划完成页面单击"继续添加商品推广"按钮，继续创建新的推广计划。

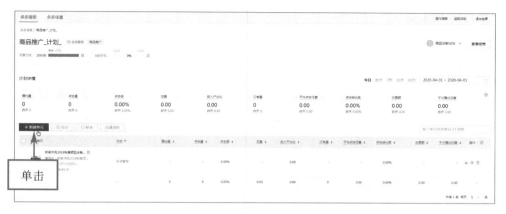

图1-7　单击"新建单元"按钮

③ 新建一个推广计划。在"推广中心→推广计划→多多搜索"页面，单击"新建计划"按钮，创建一个全新的推广计划，具体包括6个步骤，本节将进行详细介绍。

1.2.1　第一步：设置计划信息

单击"新建计划"按钮后，进入"新建推广计划"界面，第一步为设置推广计划的基础信息，包括推广类型、计划名称、预算日限和分时折扣，如图1-8所示。

推广类型包括商品推广和直播间推广两种形式。例如，选择商品推广方式后，输入相应的计划名称，并设置推广计划的预算日限。预算日限默认为不限，商家也可选择自定义预算日限，但最低不得小于100元，如图1-9所示。

图1-8　设置推广计划的基础信息

图1-9　自定义设置预算日限

如果当天的推广计划花费达到预算日限，则系统会自动下线全部推广计划，并在第二天0点时继续自动投放。如果是由于预算日限超额导致的推广计划下线，商家可以通过调整预算日限来恢复投放计划。

1.2.2　第二步：设置投放时段

在设置计划的基本信息中，投放时段默认为全部时段。商家可以单击"分时折扣"选项区中的"编辑"按钮，打开"分时投放策略"窗口，在其中可以根据行业模板来设置投放时段，也可以根据店铺的实际人群活跃时段来设置，并可以将最优方案保存为自定义模板，如图1-10所示。

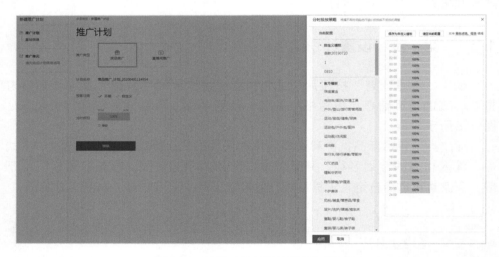

图1-10　打开"分时投放策略"窗口

在"分时投放策略"窗口中，商家可以根据买家的不同消费时间段，来进行溢价投放或不投放的调整，包括官方模板和自定义模板。

① 自定义模板。商家在创建搜索推广计划时，可以通过"分时折扣"功能在不同的时间段设置不同的折扣，包括0%（不投放）、100%（无折扣）、自定义（50% ～ 300%），如图1-11所示。同时，商家还可以针对已经购买的每个关键词进行定向投放，即在不同的时间段设置不同的价格。设置分时折扣后，搜索推广的最终出价计算公式为：关键词出价 × 分时折扣（50% ～ 300%）。

图1-11　调整自定义模板

② 官方模板。系统会根据各个行业的实际流量和数据情况，给出更适合该行业的分时投放设置模板，如图1-12所示。

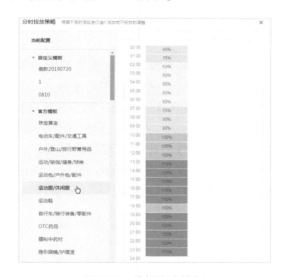

图1-12　选择官方模板

1.2.3　第三步：选择推广商品

设置好"分时折扣"选项后，单击"继续"按钮，进入"推广单元"设置界面。首先选择参与推广计划的商品，❶单击"推广商品"选项右侧的"添加"按钮；打开"选择推广商品"窗口，❷在商品列表中选择要推广的商品，如图1-13所示。

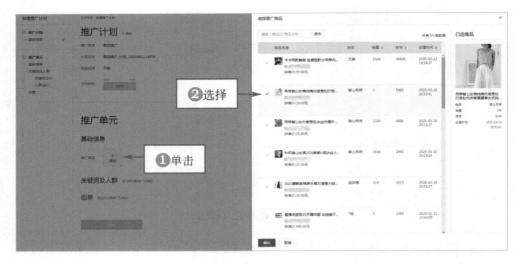

图1-13 选择商品

专家提醒

商家可以在搜索框中输入商品ID或者商品名称来查找商品。选择相应商品后，"选择推广商品"窗口右侧会显示商品的主图、标题、类目、销量、库存、创建时间等信息，便于商家进行查看和筛选操作。

商家需要选择有成交基础、性价比高的商品进行推广，这样对买家才有吸引力。单击"确认"按钮，即可添加相应商品，并显示商品的基础信息，商家还可以输入新的单元名称，如图1-14所示。

图1-14 添加商品

专家提醒

添加推广商品后，单击"更换商品"按钮，可以重新选择要推广的商品。

1.2.4 第四步：设置关键词

设置关键词出价及定向人群，系统会根据商家的店铺及所选商品进行关键词推荐，如图1-15所示。

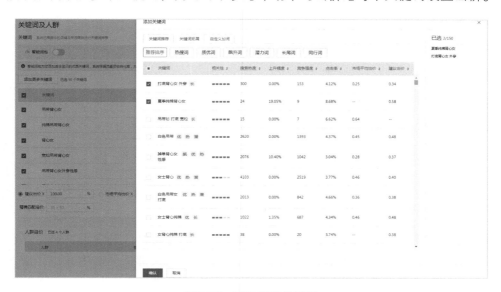

图1-15 系统推荐的关键词

商家也可以单击"添加更多关键词"按钮，打开"添加关键词"窗口，来添加更精准的关键词，最多可选200个关键词，如图1-16所示。商家可以根据搜索热度添加多个关键词，同时可以参考市场平均出价给每个关键词设置出价。

图1-16 添加更多关键词

另外，商家还可以启用"智能词包"功能，系统会根据这个搜索推广计划的商品特点及出价设置，智能匹配优质关键词，同时商家可自定义出价，如图1-17所示。启用"智能词包"功能后，出价是系统根据流量预估转化率来实时下调或上浮的，上限不会超过商家出价的两倍。受分时折扣、人群溢价设置的影响，实际扣费可能会高于基础出价上限。

图1-17 启用"智能词包"功能

添加好关键词后，商家还需要进行出价设置，可以参考建议出价、市场平均出价，系统默认为建议出价，商家也可进行自定义出价设置，如图1-18所示。商家还可以单独对关键词设置出价。

	关键词	搜索热度 ⇕	市场平均出价(元) ⇕	建议出价(元) ⇕
☑	内搭吊带宽松	53	0.41	0.31
☑	夏季吊带背心女	1235	0.31	0.35
☑	内衣女吊带	71	0.30	0.33
☑	打底背心女宽松	517	0.33	0.23
☑	吊带内衣	4326	0.44	0.29

建议出价 X 100.00 %　市场平均出价 X 100 %　● 自定义 0.50 元　← 设置

精确匹配溢价 10 ~ 50 %

图1-18 自定义出价

另外，商家还可以通过"精确匹配溢价"功能批量修改关键词出价，获得更加精准的流量，提高关键词的竞争力。商家可以在关键词列表中选中相应关键词，然后在列表下方批量设置"精确匹配溢价"比例，范围为10% ~ 50%，如图1-19所示。

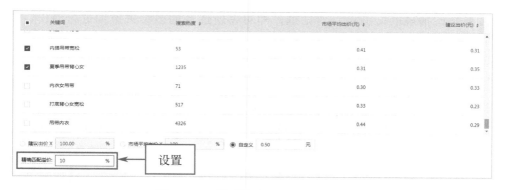

图1-19 设置"精确匹配溢价"比例

"精确匹配溢价"功能是指当买家搜索词与商家所设置的关键词完全相同（或是同义词）时，系统会对这次搜索流量进行溢价，提高在这部分流量上的竞争能力，从而为商品带来更好的点击率和转化率。

针对已经创建的搜索推广计划，如果商家需要对某个关键词设置"精确匹配溢价"功能，可以单击"出价"栏中的修改图标 ✐，在弹出的窗口底部即可进行设置，如图1-20所示。

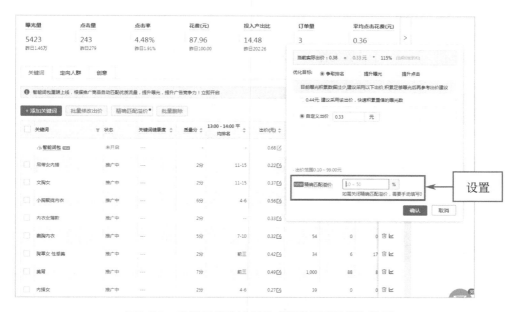

图1-20 设置已创建计划的"精确匹配溢价"比例

如果商家想要批量设置多个关键词的"精确匹配溢价"，❶可以先在关键词列表中选中多个关键词；❷然后单击上方的"精确匹配溢价"按钮；❸弹出

"批量修改精确匹配溢价"对话框，即可将所选择的多个关键词进行溢价，如图1-21所示。

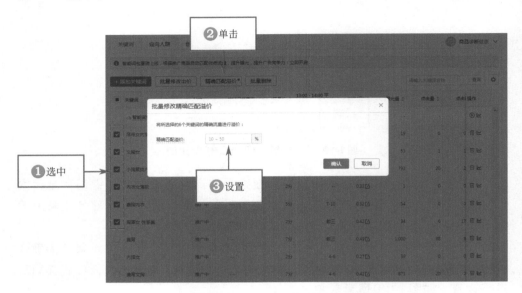

图1-21　批量设置多个关键词的"精确匹配溢价"

对于"精确匹配溢价"选项的设置，下面介绍一些常规的投放操作建议。

① 初期投放。可以从如图1-22所示的4个方面进行操作。

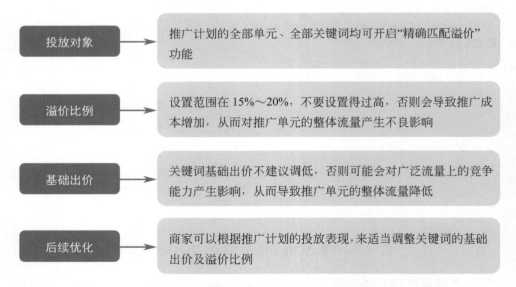

图1-22　"精确匹配溢价"的初期投放建议

② 后期优化。可以从如图1–23所示的4个方面调整。

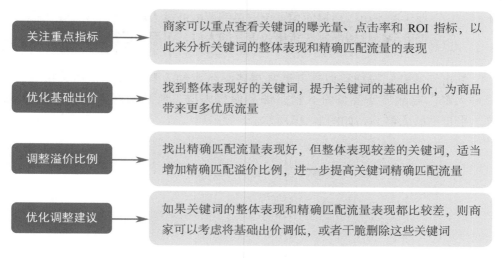

关注重点指标
商家可以重点查看关键词的曝光量、点击率和 ROI 指标，以此来分析关键词的整体表现和精确匹配流量的表现
优化基础出价
找到整体表现好的关键词，提升关键词的基础出价，为商品带来更多优质流量
调整溢价比例
找出精确匹配流量表现好，但整体表现较差的关键词，适当增加精确匹配溢价比例，进一步提高关键词精确匹配流量
优化调整建议
如果关键词的整体表现和精确匹配流量表现都比较差，则商家可以考虑将基础出价调低，或者干脆删除这些关键词

图1-23 “精确匹配溢价”的后期优化建议

1.2.5 第五步：设置人群溢价

设置人群溢价，商家可以通过商品定制人群（商品潜力人群、相似商品定向）、店铺定制人群（访客重定向、相似店铺定向）、叶子类目定向以及地域定向等方式来圈选精准人群，如图1–24所示。

人群溢价 已选 5 个人群
人群
覆盖人数
溢价比例
智能推荐人群
商品潜力人群
少于1千人
10 %
建议溢价：10%以上
相似商品定向
少于1千人
10 %
建议溢价：10%以上
访客重定向
2万-3万人
10 %
建议溢价：10%以上
相似店铺定向
300万-500万人
10 %
建议溢价：10%以上
叶子类目定向
150万-200万人
10 %
建议溢价：10%以上
平台定制人群
折扣/低价偏好人群
300万-500万人
10 ~ 300 %
展开

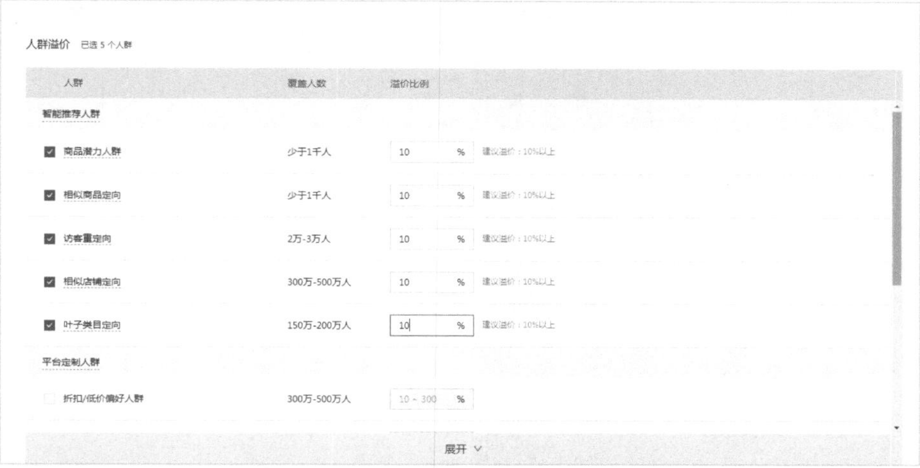

图1-24 设置人群溢价

新手商家可以直接使用系统提供的智能推荐人群，系统会结合商家的店铺商品特性智能挑选转化效果好的人群，可用于日常销售投放。

单击"展开"按钮可以展开选择更多平台定制人群方式，包括折扣/低价偏好人群、高品质商品偏好人群、爆品偏好人群、新品偏好人群、高消费人群、平台活跃人群等，如图1-25所示。

图1-25 平台定制人群设置

单击"地域定向"后的"添加"按钮，打开"添加地域定向人群"窗口，商家可以选择不同地区对应的人群包，也可选择系统模板对应的地域人群包，如图1-26所示。

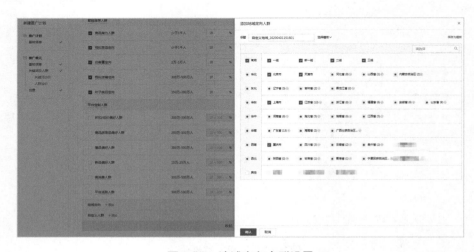

图1-26 地域定向人群设置

在"添加地域定向人群"窗口中，单击相应省份右侧的+号按钮，可以在弹出的窗口中选择具体的城市，如图1-27所示。

图1-27　选择具体的城市

单击"自定义人群"后的"添加"按钮，打开"添加自定义人群"窗口，商家可以使用DMP（数据管理平台）工具圈定的人群，如图1-28所示。

图1-28　添加自定义人群

人群溢价的计算公式为"最终出价＝基础出价×分时折扣×（100％＋人群溢价）×（100％＋资源位溢价）"，商家可以针对不同的人群来设置相应的溢价比例，如图1-29所示。

图1-29　设置单个人群的溢价比例

1.2.6　第六步：添加创意

最后一步为添加创意，商品推广计划支持同时设置1个智能创意和4个静态创意，商家可以根据推广目标决定是否同时使用两类创意或任意一类创意进行投放，如图1-30所示。

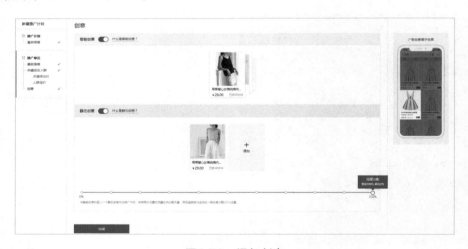

图1-30　添加创意

（1）智能创意

智能创意是指系统根据消费者的个性化购物偏好，展现他们喜欢的图片作为创意，同时优化标题，实现商品点击率和转化率的提升，如图1-31所示。

智能创意图片与商品轮播图是实时同步的，当商品图发生变更时，创意图也会同时进行变更。

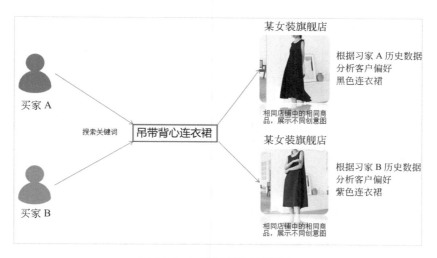

图1-31 智能创意的展现形式

将鼠标指针移至智能创意图片上可以看到"点击修改"按钮，单击该按钮即可打开"修改智能创意"窗口，如图1-32所示。其中，长图和主轮播图是无法修改的，商家只能选择副轮播图。

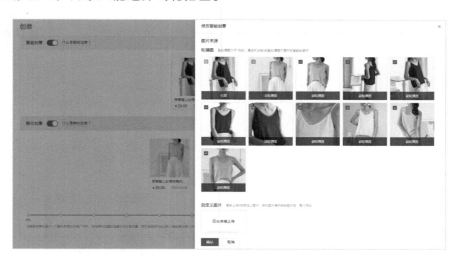

图1-32 打开"修改智能创意"窗口

另外，在"修改智能创意"窗口下方，商家可以单击"从本地上传"或"从素材库上传"按钮，上传5张自定义图片，如图1-33所示。图片要求为：

图片比例为1：1方图；图片宽、高均大于480px，大小在1M以内；格式仅支持JPG、PNG。

图1-33　设置自定义图片

在"修改智能创意"窗口最下方，商家可以填写自定义的创意标题。智能创意经历一个累计阶段后会达到较好效果，不建议商家短期内进行调整、暂停或删除。同时，在标题中突出商品属性（规格、材质、功效等）和热门词，推广效果会更好。

（2）静态创意

商家可以设置多个静态创意，让系统将其随机展示给买家，如图1-34所示。如果被设为创意的主轮播图或副轮播图被商家重设或删除，则创意图片将实时同步主轮播图作为创意图。

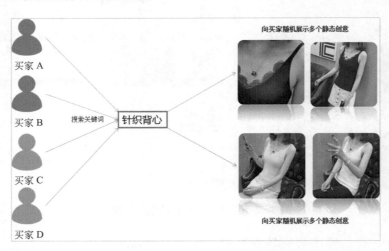

图1-34　静态创意的展现形式

在"静态创意"选项区中，单击"+添加"按钮，打开"添加静态创意"窗口，这里的创意是指推广商品在广告位上的展现形式，包括创意图和创意标题两个部分。商家可以在此处选择创意图片和填写创意标题，同时可以预览创意效果，如图1-35所示。

图1-35　添加静态创意

当商家同时设置了智能创意和静态创意两种创意类型时，可以通过调整"创意"界面底部的圆形按钮位置来调整两种创意的流量分配情况，如图1-36所示。

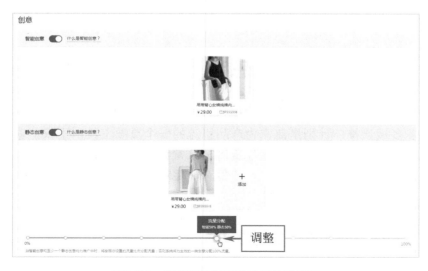

图1-36　调整两种创意的流量分配情况

创意设置完成后，单击"完成"按钮，即可创建商品推广计划。创建好搜索推广计划后，商家可以进入"推广中心→推广概况→多多搜索"界面中查看推广计划的实时数据和历史数据，根据数据来调整和优化计划，如图1-37所示。在"我的账户"选项区中，会根据店铺的实际推广消耗实时展示账户余额，并在日终进行结算，当天全部的店铺推广消耗可在次日0点查看。

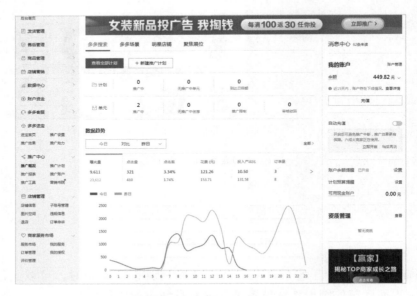

图1-37 查看推广计划数据

1.3 优化策略：2大思路，增加推广效果

拼多多搜索推广计划是商家为产品引流的一个重要工具，不仅能够快速打造爆款，还具有测款、提升搜索权重以及日常推广等作用，能够让产品加速冲排名。当然，要想做好搜索推广，还是有一定难度的，本节将介绍一些推广搜索的优化策略，帮助商家增加推广效果。

1.3.1 制定：搜索推广的阶段性目标

总的来说，搜索推广的阶段性目标包括以下4个部分。

① 基础阶段。该阶段的重点工作为积累商品的基础销量、优化用户评价，从而提升商品的转化率。商家可以将商品关键词扩大，并提升关键词排名，来积累和提升推广计划的整体权重。

② 冲量阶段。在冲量阶段，如果商品的展示位置比较靠前，则点击率和转化率就会越高；如果商品的展示位置比较靠后，则买家对于这些商品就会变得更加挑剔，点击率和转化率也会相对降低。因此，商家要提前做好商品的"内功"优化，尽量将关键词设置在第 3 ～ 10 名的位置区间。

③ 盈利阶段。在盈利阶段，商家的重心要放在提升 ROI 指标上，将推广计划的投入产出比做到最优。此时，商家可以减少或删除那些转化率较低的关键词投放，或者降低基础出价，同时增加转化率较高的关键词出价。

④ 清仓阶段。清仓阶段要看商品是标品还是非标品，商家需要根据自己的推广目标和所处阶段来逐步实施推广计划，思路如图 1-38 所示。标品基本上没有质保期，因此不存在清仓的问题，但注意要保持适当的库存量。而非标品则存在换季的问题，商家一定要弄清楚商品的清仓期是什么时候，保持好推广计划的节奏。

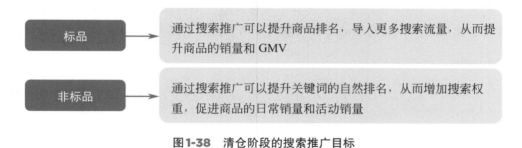

图 1-38　清仓阶段的搜索推广目标

1.3.2　调整：优化搜索推广计划思路

拼多多是一个千人千面的电商平台，商家在做搜索推广时，其关键词排名＝出价×质量分×千人千面权重。"千人千面权重"包括属性权重（商品权重、店铺权重、综合标签权重）和人群权重（静态标签权重、动态标签权重）两个部分。

　　其中，人群动态推荐标签（即动态标签）的权重非常大，系统会基于搜索关键词、用户的浏览记录、收藏记录和购买记录等维度进行匹配，来为他们推荐相关的商品，如图1–39所示。当然，这些标签维度也有强弱之分，总体原则为"购买过标签＞收藏的商品标签＞朋友购买过标签＞浏览过标签"。

图1-39　人群动态推荐标签

　　如图1–40所示，可以看到该服装店铺的老买家占比非常高，近一个月的数据达到了30%。要知道，服装并不是日耗品，消费周期还是比较长的，但老买家占比这么高，这就是动态标签权重非常大带来的结果。

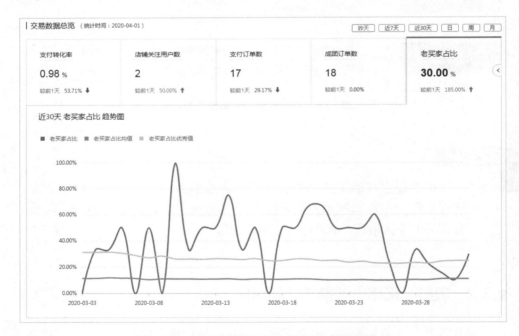

图1-40　交易数据总览中的老买家占比数据分析

因此，商家在选款和测款时，尽量选择那些高转化率的单品，这样能够带来更好的边际效应，用最小的推广成本获得最大的经济利润。另外，商家还需要重视平台的加权属性标签，以核心关键词为突破口，采用高价优先原则，并合理安排搜索推广的投放节奏。

在判断搜索推广计划的投放效果时，ROI是最直接有效的指标。ROI越高，说明推广效果越好；越低，则说明推广效果越差。商家在分析搜索推广效果时，建议参考7天或30天的ROI数据，如图1-41所示。

图1-41　查看搜索推广计划30天的ROI数据

在使用ROI判断搜索推广效果时，商家可以参考公式"ROI的盈亏平衡点＝1÷单品毛利率"。当ROI大于盈亏平衡点，则说明推广是有效的；当ROI低于盈亏平衡点，则代表推广是亏钱的。当搜索推广计划的ROI偏高时，商家可以继续增加推广力度，将搜索推广赚到的钱再投出去，让ROI达到盈亏平衡状态，从而获得更多自然搜索流量，并形成良性循环。

第**2**章

场景推广：
抢占站内优质资源

场景推广主要通过精准定向来展示商品和店铺，并且通过实时竞价的方式争取更多优质的资源位。建议商家可以先做场景展示推广，然后根据转化率数据来逐步优化推广计划，当达到一定的转化效果后，再考虑是否使用搜索推广来配合。

2.1 场景推广：3大要点，了解产品功能

场景推广的主要功能是营销推广，同时还有测图、测款等潜在功能。在"千人千面"的推荐机制之下，场景推广的重要性不言而喻，本节将带大家入门"多多场景"，帮助大家了解产品基本功能。

2.1.1 多多场景：产品介绍与展现资源位

在创建场景展示推广计划时，商家可选择推广商品和设置合适的点击价，并选择精准的定向用户来进行推广，然后根据曝光率和点击率等数据来优化计划，促进交易转化，最终实现销量和交易额的提升。其产品概况如图2-1所示。

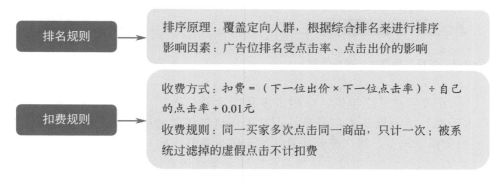

图2-1 场景展示推广的产品概况

场景展示推广的展示渠道覆盖全网精准流量，包括移动端App以及H5（国内将H7ML5简称为H5）商城等，如类目商品页、推文红包、现金签到页、商品详情页的"相似商品"区等，具体展现广告位规则如下。

① 推广展现位置。第1、7、13……（1+6n）位为广告位，采用"千人千面"机制呈现显示结果，如图2-2所示。

专家提醒

"1+6n" 即 第1、7（1+6×1）、13（1+6×2）、19（1+6×3）、25（1+6×4）等广告位，这也是"多多搜索"推广工具的"坑位"。

② 商品详情页广告位。在商品详情页下方的商品列表中，第3、9、15、

21、27位为广告位，采用"千人千面"机制展现推广商品，如图2-3所示。

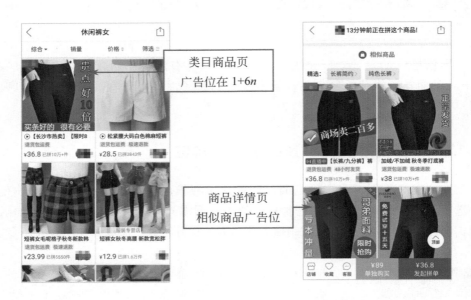

图2-2　类目商品页推广展现位置　　　　图2-3　商品详情页广告位

③ 营销活动页广告位。在拼多多营销活动页面下方的商品列表中，采用"千人千面"机制展现推广商品。商家可以选择多种营销活动页的集合包，在不同的营销活动页，推广商品的具体展示位置各有不同。

④ 优选活动页广告位。在拼多多优选场景展示高转化活动页面下方的商品列表中，展示推广商品，促进商品GMV、订单和ROI的提升。

2.1.2　数据分析：查看场景推广计划报表

商家进入拼多多管理后台的"推广中心→推广概况→多多场景"页面，即可查看场景推广的数据，如图2-4所示。商家可以在此查看指定时间范围内的以计划为维度的推广汇总数据，选择不同的数据指标，可以看到对应的趋势图。

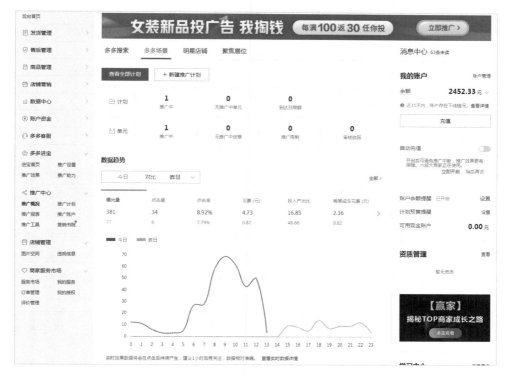

图2-4 "多多场景"推广概况

　　在"数据趋势"选项区中，单击"全部"按钮，可以进入"推广报表→场景展示"界面，在此不仅可以查看场景展示概况，还可以按统计项或日期来进行数据趋势对比，如图2-5所示。

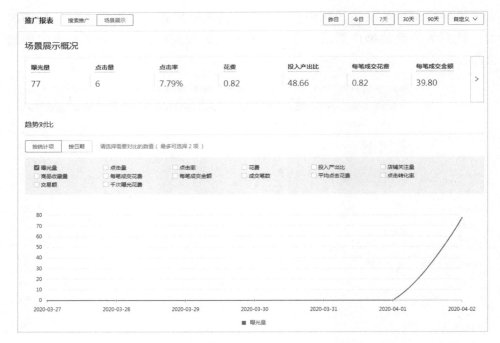

图2-5 "场景展示"推广报表

在该界面底部，商家可以按照分级详情（推广计划、推广单元、创意、资源位、定向人群）或分时详情来查看场景展示推广的相关数据指标，便于商家进行更精细化的数据分析，如图2-6所示。

图2-6 分级详情数据

在分析这些数据时，主要包括以下3个维度。

① 推广汇总。商家可以设置相应的报表时间，查看店铺下所有场景展示推广计划的整体数据，包括曝光量、点击量、花费、交易情况等。

② 推广计划。单击推广总览报表下方的计划名称，进入推广计划详情报

表，查看该计划下的具体数据，商家可以分别从推广单元、定向和资源位这3个角度来了解推广情况。

③ 推广单元。单击推广总览报表下方的推广单元名称，即可进入推广单元详情报表，在此可以查看具体单元下的数据，商家可以分别从定向和资源位这2个角度了解推广情况。

2.1.3 三个阶段：场景推广各时期的策略

场景展示推广的核心思想是"低出价高溢价"模式，也就是用低推广成本获得高推广成绩。要做到这一点，需要从以下3个阶段下功夫。

（1）初期策略：创建计划，获取流量

商家需要先了解拼多多的流量结构（搜索流量、类目排名、场景活动）和流量性质（类目商品页、商品详情页、营销活动页、优选活动页），在此基础上创建场景展示推广计划，包括日限额、投放时段、选择产品、出价设置、创意图设置等。

（2）中期策略：调整出价，打造爆款

首先采用低出价策略，如果没有曝光量的话，可以逐步增加基础出价，如果依然没有曝光量，则需要调整访客重定向和相似商品定向设置。如果经过调整后，曝光量出现飙涨，但点击率却上不来，此时可以通过降低曝光人群的基础出价，以及继续调整访客重定向和相似商品定向设置。

当曝光量和点击率都达到正常水平后，商家可以通过测图保留点击率最高的两张创意图，同时更换点击率过低的创意图。

最后进行产品分析，针对盈利状况好的产品，或者有潜力的产品，商家可以继续投放推广。对于盈利好的产品，需要做到投产比＞（1÷销售利润额）；对于有潜力但尚未盈利的产品，要求其点击率和收藏率都比较高，这些产品都可以继续推广，来培养潜力爆款。

（3）后期策略：优化出价，提升投产比

商家可以将基础出价做到最低，并将人群溢价做到最高，来获得精准的人群标签。在降低基础出价时，注意不要太频繁，要实时关注整个场景展示推广计划的大盘数据，建议每隔3天降低一次。

最后需要提升投入产出比，商家可以将每个小时的ROI数据都记录下来，持续记录1～3周，找出ROI高和ROI低的时段，保持整个推广计划都能够获得稳定的曝光量。

2.2 创建计划：6大步骤，投放场景推广

如果要用一句话来概括场景展示推广，那就是"用最少的钱做广告，在最好的位置上让想要购买产品的人看到你的产品。"商家可以进入拼多多管理后台的"推广中心→推广计划→场景展示"页面，查看已有的推广计划，也可以单击"新建计划"按钮创建新计划，如图2-7所示。

图2-7 "多多场景"页面

2.2.1 第一步：选择推广场景

进入"多多场景/新建推广计划"界面，首先商家要根据自己的推广需求来选择合适的推广类型，包括商品推广、店铺推广和直播间推广3个类型，如图2-8所示。

图2-8 选择推广类型

① 商品推广：推广店铺内的单个商品。
② 店铺推广：推广本店，直接引流到店铺首页。
③ 直播间推广：推广店铺直播间。

2.2.2 第二步：设置基础信息

选择好推广类型后，接下来商家需要设置推广计划的基础信息。不同的推广类型，其基础信息部分也有所差别。商品推广的基础信息设置包括计划名称（不超过30个字符）、预算日限、推广方案以及分时折扣等，如图2-9所示。店铺推广和直播间推广没有推广方案设置，如图2-10所示。当计划达到消耗日限设置的金额时，推广计划将会被系统自动停掉。

图2-9　商品推广的基础信息设置

图2-10　直播间推广的基础信息设置

① 计划名称：在此处输入场景展示推广计划的名称。
② 预算日限：设置场景展示推广计划的消耗日限，包括"不限"和"自定义"两种方式，自定义的最低预算为100元。
③ 分时折扣：设置场景展示推广计划的投放时段，默认为全天无折扣投放，如图2-11所示。

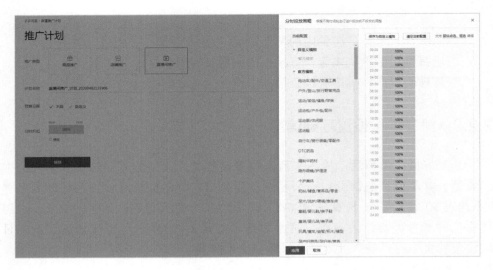

图2-11　设置分时折扣

在设置分时折扣时，商家需要注意的是，在不同的时间段商品的流量和转化情况都有区别，商家可以根据自己以往的经验设置自定义的投放时段。在时间段列表中，可以用鼠标点击或框选等操作选择需要修改的时段，在弹出的窗口中即可设置该时段的折扣，可设置自定义折扣、100%（无折扣）和0%（不投放）等方式，如图2-12所示。

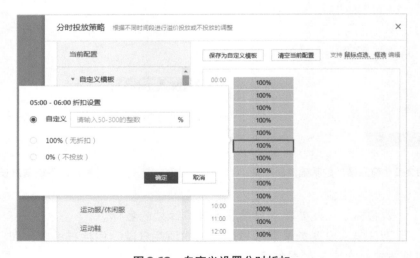

图2-12　自定义设置分时折扣

设置完成后，单击"保存为自定义模板"按钮即可。另外，新手商家可以直接使用行业模板进行快速设置，提高流量的利用效率，如图2-13所示。

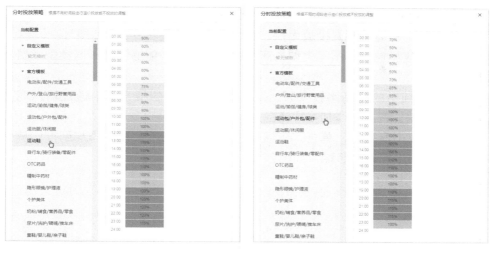

图2-13　使用行业模板

2.2.3　第三步：添加推广商品

设置好场景展示推广计划的基础信息后，单击"继续"按钮，进入"推广单元"设置界面，首先需要选择推广商品。

❶单击"推广商品"选项右侧的"添加"按钮；❷打开"选择推广商品"窗口；❸在商品信息列表中选择要推广的商品，如图2-14所示。商家可以根据商品所属类目、销量、库存或创建时间等信息选择要推广的商品，相关原则如下。

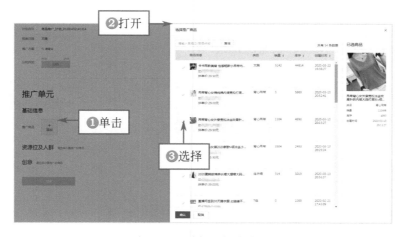

图2-14　选择要推广商品

- 商品有基础销量，同时性价比比较高，这样的商品更能吸引买家眼球。
- 同类型的商品不要投放太多，建议每个类型最多投放3款即可。
- 商家应尽量选择不同类型的商品去推广，这样能够满足不同类型消费者的购买需求。
- 当店铺中的商品比较多时，商家可以在上方的搜索框中通过输入商品ID的方式，快速查找和添加推广商品。

选择好推广商品后，单击"确认"按钮，即可将推广商品添加到推广单元中，同时自动生成单元名称，如图2-15所示。

图 2-15 添加推广商品

专家提醒

在创建场景展示推广计划前，商家首先要选择优质的商品去推广，这样才能给买家带来更好的购物体验，具体优化方法如下。
- 受众人群广或应季的主推商品，转化率会更高。
- 另加入一两款优质产品，配置优惠套餐进行引流。
- 优化商品详情页面，包括版面、详细介绍和长图等。
- 通过返现等优惠方式积累基础销量，提升转化率。

2.2.4 第四步：设置资源位溢价

在出价及定向设置中，首先要设置一个基础出价，如图2-16所示，这是投放到全体人群、资源位基础流量包时的价格，然后再圈选覆盖人群（常用、平台精选、兴趣、自定义人群、地域），并设置不同的人群溢价比例。

图 2-16 设置基础出价

溢价计算公式为"最终出价=基础出价×分时折扣×（100%＋人群溢价）×（100%＋资源位溢价）"。目前，拼多多平台支持以下两种资源位的选择。

① 基础流量包。涵盖全网站内优质资源位，这是系统默认选择的，商家不能进行删除操作。

② 溢价资源位。包括类目商品页、商品详情页以及营销活动页等，平台还会不断添加更多优质的资源位渠道。

商家可以根据自己的推广目标，在"资源位溢价"列表中选中合适的溢价资源位并设置溢价比例，如图2-17所示。系统会显示预估的覆盖人群数量，商家可以根据系统建议溢价来调整溢价比例。

溢价	对以下精选资源位和人群，在基础出价的基础上设置溢价，可获得更多精准流量（公式见右侧）			
	资源位溢价　已选 4 个资源位			
	资源位	覆盖人群	溢价比例	市场平均溢价
	☑ 类目商品页	5000万-7000万人	1　　%	1%
	☑ 商品详情页	5000万-7000万人	1　　%	1%
	☑ 优选活动页	7000万-1亿人	1　　%	1%
	☑ 营销活动页	多于1亿人	1　　%	1%

图 2-17　设置资源位溢价

在设置资源位溢价比例时，商家可以参考后面的市场平均溢价，这是同行业叶子类目对该人群包的平均溢价值。另外，重点资源位出价=定向人群出价×（1＋位置溢价比例）。

场景展示的资源位非常多，商家可以尽量选择优选活动页，该资源位可以帮助商家增加商品曝光，同时增加商品被买家看到和关注的概率，还能够使商品快速转化和推广，达到提高ROI的目的。

优选活动页的主要资源位包括猫粮红包、助力享免单和多多果园等奖励任务页面，如图2-18所示。商家在新建推广计划的"资源位溢价"设置中选中"优选活动页"复选框即可。

如果是已经在投放的场景推广计划，商家可以进入该计划的单元详情页，在资源位中单击"添加资源位"按钮，如图2-19所示。

图2-18 优选活动页资源位

单击

图2-19 单击"添加资源位"按钮

执行操作后，即可在右侧打开"资源位溢价"设置窗口，❶选中"优选活动页"复选框，❷单击"确认"按钮，如图2-20所示。

专家提醒

资源位溢价的比例范围必须控制在1%～300%。同时，商家可以结合人群出价和资源溢价抓取更优质的流量。

资源位溢价
资源位
覆盖人群
溢价比例
类目商品页
5000万-7000万人
20.00
%
商品详情页
5000万-7000万人
%
营销活动页
多于1亿人
%
优选活动页
7000万-1亿人
20.00
%
❶选中
❷单击
确认
取消

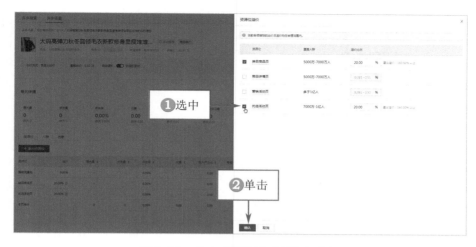

图2-20　选中“优选活动页”复选框

2.2.5　第五步：设置人群溢价

在场景展示推广计划中，商品推广计划的人群溢价包括访客重定向、商品潜力人群、相似商品定向、叶子类目定向以及相似店铺定向5种方式，如图2–21所示。建议定向人群的出价要比普通用户高10%左右，这样才能获得更好的推广效果。

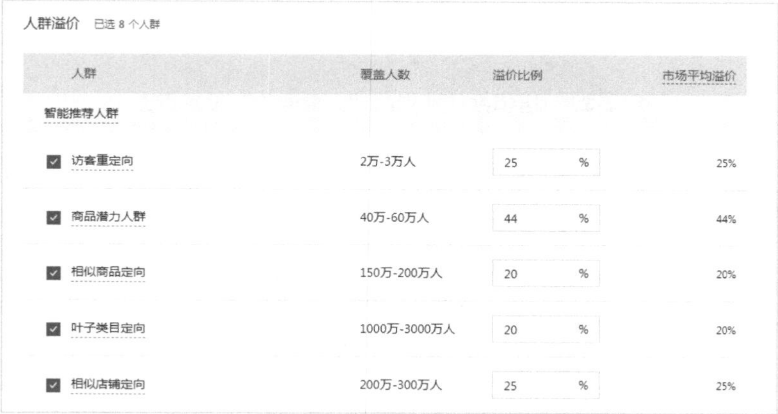

人群溢价　已选 8 个人群
人群
覆盖人数
溢价比例
市场平均溢价
智能推荐人群
访客重定向
2万-3万人
25 %
25%
商品潜力人群
40万-60万人
44 %
44%
相似商品定向
150万-200万人
20 %
20%
叶子类目定向
1000万-3000万人
20 %
20%
相似店铺定向
200万-300万人
25 %
25%

图2-21　商品推广计划的“人群溢价”设置页面

另外，商家还可以添加平台定制人群（高品质商品偏好人群、大促敏感人群、爱分享人群）和自定义人群（兴趣、地域、DMP），如图2–22所示。

图2-22 设置平台定制人群和自定义人群

如果商家创建的是店铺推广计划，则只有访客重定向、叶子类目定向和相似店铺定向3种类型，如图2-23所示。

图2-23 店铺推广计划的"人群溢价"设置页面

2.2.6 第六步：添加场景创意

  场景展示推广计划中的创意是推广主体在广告资源位上的展现形式，包括创意图片和创意标题两部分，如图2-24所示。商家在测图、测款时可以设置多个创意图片和创意标题，这些创意在广告位上都会获得均等的曝光机会，从而快速测试出最佳的商品主图和标题。

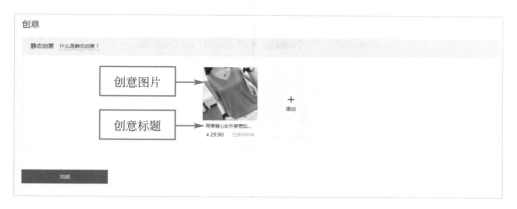

图2-24 "创意"设置页面

单击"添加"按钮，打开"添加静态创意"窗口，商家可以直接在轮播图列表中选择创意图片，也可以单击轮播图下方的"本地上传"按钮，添加自定义的创意图片，如图2-25所示。

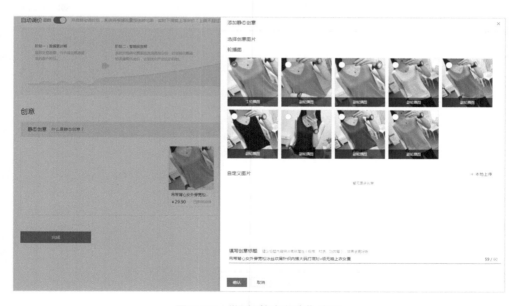

图2-25 "添加静态创意"窗口

商家可以选择副轮播图作为创意主图，并输入创意标题，也可以直接使用商品原标题作为创意标题，单击"确认"按钮即可添加创意，如图2-26所示。

图2-26　添加静态创意

将鼠标指针移至创意图片上方，可以单击 🗑 按钮删除创意，或者单击"点击修改"按钮更换创意图片和标题。

除了优化人群和资源位达到提升场景展示推广的点击率效果外，商家还需要做好创意的提升，找到场景点击率高的商品图片。商家可以在"多多场景"界面中选择"推广计划→推广单元→创意"选项，在此页面可以创建新的创意或编辑、删除已有的创意，如图2-27所示。

图2-27　创意管理

在"创意"列表中，将鼠标指针移至相应的创意图片上，即可看到在使用的创意方案，如图2-28所示。

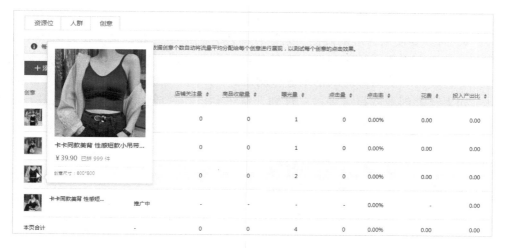

图 2-28　查看使用的创意方案

单击"查看报表"按钮 📈，可以查看一个单元下多个创意的详细数据，如图 2-29 所示。

图 2-29　查看创意的详细数据

在设置创意时，要注意以下事项。

● 每个创意单元最多支持 4 个创意。

● 创意展示方式为轮播，即每个创意平均曝光展现。

● 商家在设计创意的时候要遵守推广规范，避免出现违规。

● 商家要使用合理的测图方法。创意图片的质量好坏，是决定能否吸引买家点击的重要因素。测图时首先要选择图片，如商品主图、竞品首图或者爆款图片等，模仿这些图片的风格来进行测试。

如果商家创建的是店铺推广计划，系统会自动生成创意，商家无法进行自定义编辑，如图2-30所示。

图2-30　店铺推广计划的创意

设置好创意后，单击"完成"按钮，则场景展示推广计划全部设置完毕，即可开始投放。商家可以继续新建推广计划，也可以继续添加商品推广。

2.3　打造爆款：8个技巧，玩转多多场景

拼多多的场景展示推广，其操作原理为先圈定一部分用户，然后再将要推广商品展示到一部分资源位上，同时，这些用户在这些资源位中产生的所有行为，都会通过后台数据展现在商家眼前。

其实，在拼多多平台上推广商品，商家不仅需要提升自己的推广能力，还需要优化好商品"内功"，找准时机集中精力加大"多多场景"的推广力度，来打造单品爆款。另外，在推广后期，商家还需要配合活动资源，让商品的自然流量来源更稳定，拉长爆款的生命周期。

2.3.1　4个方面：轻松突破流量瓶颈

当商家的店铺或商品达到流量瓶颈的时候，要在稳定现有数据的情况下突破瓶颈，主要方法包括如图2-31所示的4个方面。

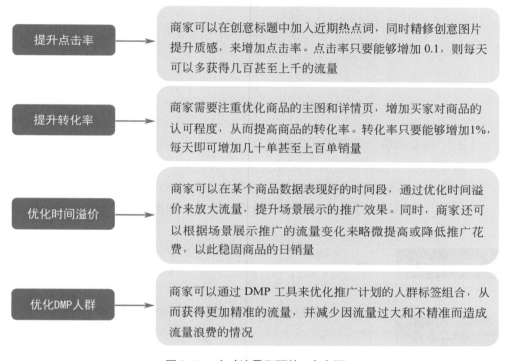

图2-31　突破流量瓶颈的4个方面

2.3.2　自动调价：一键直达推广目标

很多商家在做付费推广时，总会遇到投放效果不理想、不会设置出价和溢价、获取不到优质流量等问题。针对这些问题，拼多多推出了场景展示"自动调价"功能，可以帮助商家轻松解决在做付费推广时遇到的困扰。

（1）"自动调价"功能的开启方法

商家可以在新建场景展示推广计划的第5步，设置人群溢价的下方，开启"自动调价"功能，如图2-32所示。"自动调价"功能会根据推广计划积累的海量数据进行智能学习，并实时、智能地调整出价，可以帮助商家用更加精准的出价来获取优质流量，从而达到提升转化率、优化ROI以及拉动GMV的目的。

图2-32 开启"自动调价"功能

（2）"自动调价"功能的两个阶段

"自动调价"功能会根据商家设置的推广对象和基础出价，通过机器算法来预测每一次曝光的转化价值，从而实现自动出价和按点击扣费。商家开启"自动调价"功能后，系统会分两个阶段进行投放，如图2-33所示。

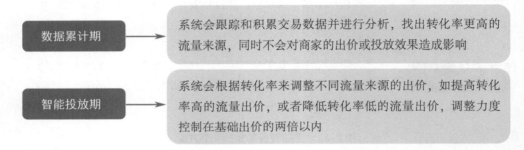

图2-33 "自动调价"功能的两个投放阶段

进入"智能投放期"阶段后，商家可以进入"多多场景→推广单元"列表页，单击"自动调价"一栏中的"效果对比"按钮，即可查看该计划单元开启"自动调价"功能的前后投放效果对比数据。

2.3.3 5大步骤：场景推广打造爆款

爆款的形成条件非常多，有的是因为投入了大量的推广成本，有的是因为拥有很多第三方渠道资源。但是，这些爆款都有一个前提，那就是商品的自身基础足够好。因此，要想推爆款，商家就要做好扎实的基本功，具体包括选款测款、SKU（库存量单位）布局、测试创意、积累销量、冲击爆款等事项。

（1）选款测款

商家首先要计算出推广商品大概的市场需求量，同时分析竞品的订单量、销售额、流量渠道以及推广商品的成本和利润率，并预估推广费用。下面介绍一些基本的选款技巧，如图2-34所示。

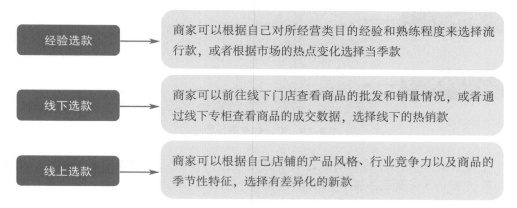

经验选款 → 商家可以根据自己对所经营类目的经验和熟练程度来选择流行款，或者根据市场的热点变化选择当季款

线下选款 → 商家可以前往线下门店查看商品的批发和销量情况，或者通过线下专柜查看商品的成交数据，选择线下的热销款

线上选款 → 商家可以根据自己店铺的产品风格、行业竞争力以及商品的季节性特征，选择有差异化的新款

图2-34 选款技巧

确定好要测的商品款式后，商家应尽量选择有一定基础销量的款，这样能够在测款时降低成本。同时，商家要准备2～5张白底图作为轮播图，然后以一个自然日（0～24点）来积累和分析数据，测款的基本要求为点击率至少达到300，否则很难得到准确的测款结果。最后，选择点击率和收藏率最高的两个款作为主推商品。

（2）SKU布局

商家在分析竞品数据时，必须做到有针对性的分析，并针对竞品的SKU布局来调整自己的SKU结构。在设置商品价格时，尽量不要高于竞品价格，否则会影响商品的点击率。即使是利润高的商品SKU，建议价格也不能超过竞品的10%，不然会对转化率产生影响。

专家提醒

在此阶段，商家还要实时关注竞品的数据变化情况，包括订单量、销售额和排名等，而且每天都要去统计所有竞品的流量渠道。

（3）测试创意

创意图片是推广商品的主要展示渠道，对于产品引流的重要性不言而喻。商家在设计创意图片时，要注意以下几个方面，如图2-35所示。

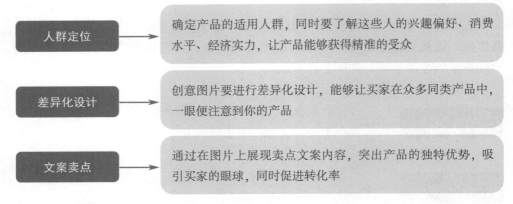

图2-35 设计创意图片的技巧

设计好创意图片后，商家还需要进行测图的操作，通常需要进行两轮。第一轮先制作8张商品主图，同时以能够在24小时内的点击率达到200为基本要求进行测试，保留点击率最高的两张主图。

接着进行第二轮测图，同样保留点击率最高的两张主图。经过两轮测试，就得到了4张高点击率的主图，将其作为场景展示推广的创意图片，并进行正常的推广流程。

（4）积累销量

商家可以通过以下方法为商品积累基础销量，如图2-36所示。

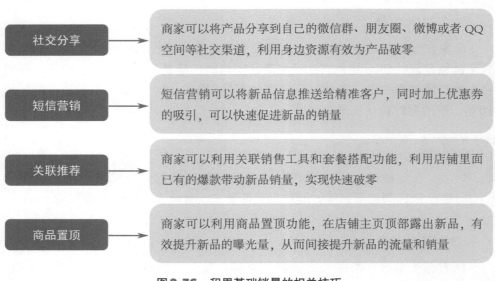

图2-36 积累基础销量的相关技巧

在打造爆款的销量破零环节中也有一定的标准，那就是商品销量需要达到100单以上，同时有效用户评价不能低于20个。商家可以通过短信、社群、自媒体等渠道将新品推荐给自己的老客户和粉丝，也可以通过店铺营销工具、关联销售以及多多进宝等方式进行推广，同时还可以尝试自然搜索推广。

例如，商家可以进入拼多多管理后台的"商品管理→商品工具→商品关联推荐"页面，为商品开启"智能推荐"功能，或者手动添加关联商品，如图2-37所示。注意，店铺的在售商品必须超过3件才可使用商品关联推荐功能。另外，商家可以用优惠券来关联新品，让买家产生冲动消费，快速积累基础销量。

图2-37　商品关联推荐功能

（5）冲击爆款

在"冲量"阶段，商家可以花钱做推广，同时尽可能让所有的花费都有所收获。有了基础销量和评价后，商家可以用多多场景进行推广，同时每日逐步提升推广花费。随着曝光量的增加，推广商品的PPC会逐渐降低，点击率和转化率也跟着逐步提升。

专家提醒

商家可以采取"低出价、高溢价"的方式，更加灵活地控制场景推广的节奏。

- 若曝光量降低，可以适当提高溢价比例，直至曝光量达到理想状态。
- 若曝光量超过预期，则可以适当调低溢价比例。

2.3.4　优化出价：通过出价引爆ROI

在使用场景推广时，要想让商品获得好的排名展现，同样需要提升商品的质量分和优化出价。优化出价有以下两种常用方法。

● 先设置高出价，然后逐步往下调。
● 先设置低出价，然后逐步往上调。

其实，这两种优化出价的方法有一个同样的目的，那就是找出最合适的推广出价点。找到这个出价点后，即可进行进阶调价操作，来获取更多大曝光量的定向资源位。在此过程中，商家一定要持续关注定向的曝光量数据。例如，定向资源位的曝光量非常大时，商家可以逐步降低出价和溢价比例，然后重点查看曝光量和点击量的变化，并做好创意优化，提升推广商品的点击率。

在场景推广的前期，ROI通常都不会太高，此时商家不要太心急，而应该重点关注点击率、转化率和PPC等数据的变化，然后根据自己以往的推广经验，以及商品类目的实际情况，做好推广商品的"内功"优化。

点击率、转化率和PPC这三者的关系非常密切。根据场景推广的扣费规则，PPC越低，点击率越高，那么推广商品的排名就越靠前，此时，ROI自然也会更高。因此，商家可以对比前两天的点击率数据，如图2-38所示。当点击率降低时，商家可以适当增加出价；当点击率上升时，商家可以适当降低出价。

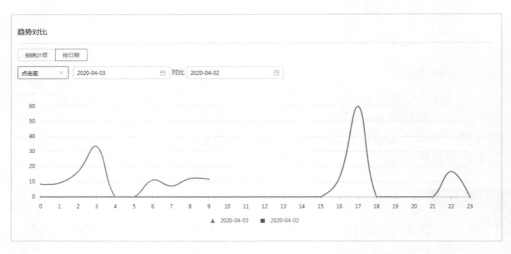

图2-38　对比场景推广的点击率数据

总之，商家在进行场景展示推广时，一定要做好规划准备，同时所有的调整操作都必须根据数据反馈来进行，这样才能实现自己的预期效果。

2.3.5 调整溢价：结合自身实际数据

商家在调整场景推广的时间溢价比例时，需要将每天的数据都记录下来，然后根据各个时间段的数据反馈，找到点击率、点击转化率、投入产出比这3个指标重合率最高的值，这个时间段就是最佳的投放时间。

商家可以进入"场景展示→场景展示概况→推广计划→推广单元"界面，选择查看"分时详情"数据报表，如图2-39所示。

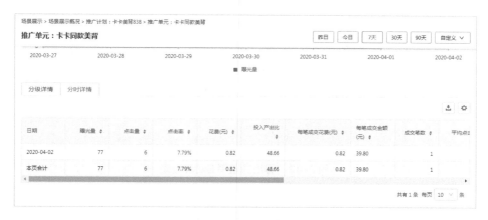

图2-39　查看场景展示推广计划的分时详情数据报表

单击表格右上角的设置图标✿，弹出"自定义列表项"对话框，商家可以选择要重点查看的数据标签，如图2-40所示。

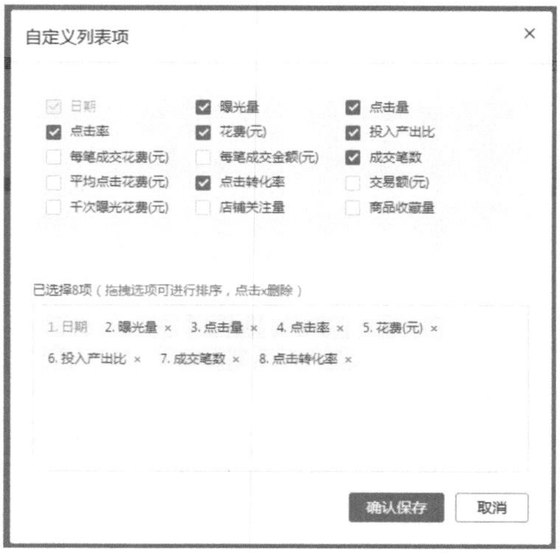

图2-40　设置自定义列表项

单击"确认保存"按钮，即可展示所选择的数据标签，如图2-41所示。

图2-41　展示自定义列表项

单击右上角的"导出报表"按钮，即可将前一天24小时的数据报表以Excel的形式保存到电脑中，方便商家进行查看和分析，如图2-42所示。

图2-42　导出并查看Excel报表

商家通过保存和记录每天的场景推广数据，可更加直观地看到各个重点指标的趋势，然后在数据表现好的时间段进行加价处理，在数据表现不好的时间段进行降价处理。

例如，10:00 ～ 12:00、14:00 ～ 17:00以及19:00 ～ 23:00，这些都是平台的消费高峰时段，商家可以采用高溢价的投放策略，如图2-43所示。

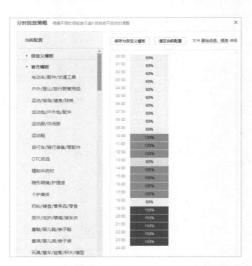

图2-43　根据数据设置场景推广的分时投放策略

2.3.6 增加效果：提升场景的点击率

点击率是影响场景推广效果的一个重要指标，影响场景展示推广计划的点击率的因素主要包括创意、分时折扣、投放人群和资源位，商家可以从这些方面入手进行优化调整，达到提升推广效果的目的。

（1）创意

创意主要是从图片的文案、视觉效果来进行优化，使其能够快速抓住买家的心理需求，吸引他们点击并下单。同时，在创意标题中，要尽量将产品的所有卖点和优势都凸显出来。

图2-44所示是一个充电器商品的主图，用户购买充电器的一般需求就是充电要快，同时质量要有保障，图片中的文案就是紧靠这两点需求来策划的。

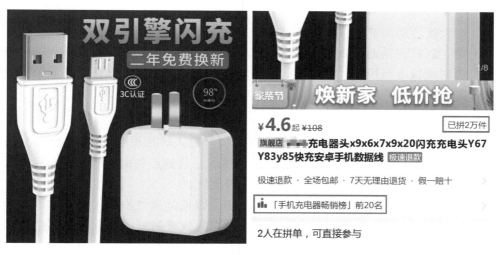

图2-44　高点击商品主图示例

（2）分时折扣

商家可以通过数据分析，找出商品流量和转化最高的时间段，然后侧重投放这些优质的时间段，这样才能有效提升点击率。如今，商家在手机端即可轻松修改推广时间段，打开App后进入"推广中心→推广计划"界面，在推广计划列表页中选择某个非智能推广计划。进入"计划详情"界面，点击"分时折扣"一栏，如图2-45所示，即可进入"分时折扣"界面快速修改分时折扣设置，如图2-46所示。

图2-45 点击"分时折扣"一栏 　　图2-46 "分时折扣"设置界面

在大促活动的前期，商家要提前设置好场景推广的分时折扣策略，增加投放力度，这样在活动到来时才不会手忙脚乱。另外，商家还可以错开竞争比较激烈的时间段进行投放，让点击转化率也得到一定的保障，保证推广效果的同时最大化降低推广花费。

（3）投放人群和资源位

投放人群要在前期就测好，商家可以将全部人群都设置同样的溢价比例，经过几天的推广运营后，再观察数据反馈情况，找到点击率高的人群，提高其溢价比例，同时降低点击率低的人群的溢价比例。

在选择投放人群时，商家还可以添加5个跟商品属性最相关的兴趣点，如图2-47所示。兴趣点标签越精准，则点击率的效果越好。商家还需要结合数

图2-47 添加5个跟商品属性最相关的兴趣点

据反馈，对兴趣点人群进行测试，找出点击率最高的人群进行投放。

资源位建议优先投放优选活动页，点击率和转化率通常会高于其他位置。商家可以在人群出价的基础上，对不同的资源位设置不同的溢价比例，来获取更加优质的流量。

2.3.7　出价指导：知悉行业平均水准

场景推广出价指导工具可以帮助商家知悉行业的竞争环境和平均水准，给商家提供调价和出价的指导方向，还能让大家知道根据建议出价后带来的提升效果。场景推广出价指导工具主要有以下两个设置位置。

① 新建计划/单元。商家新建推广计划或单元时，在设置出价或溢价比例的时候，可以看到市场平均溢价的数据，商家可以在此基础上进行修改或直接采纳建议。

② 单元详情页。商家可以直接在"多多场景"中选择某个推广计划，然后选择该计划中的某个单元，进入单元详情页面，单击"基础出价"右侧的编辑按钮，如图2-48所示。

图2-48　单击"基础出价"右侧的编辑按钮

执行操作后，弹出"基础出价"对话框，即可看到系统的建议出价，单击"一键采纳"按钮即可快速运用该出价方案，如图2-49所示。

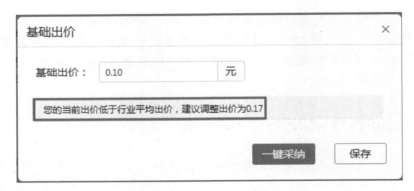

图2-49 "基础出价"对话框

2.3.8 大促活动：结合场景爆发销量

如今，各种促销活动节日成就了电商平台的盛况，商家也需要想出各种奇招，在大促活动中占据一席之地。拼多多大促活动的玩法虽多，但万变不离其宗，商家需要根据活动时间轴来做好前期准备和活动方案，让买家更便捷地获取福利，给他们带来更好的大促氛围和购物体验。

当然，想要获得大促活动的流量，商家首先要了解大促活动的基本流程，根据这个流程来进行合理的推广布局，如图2-50所示。商家可以在活动前期这个阶段，利用场景展示推广来增加活动商品的日销数据和权重，为商品做大促前的铺垫。这一步非常重要，可以让活动商品在大促中获得更好的展现资源位。

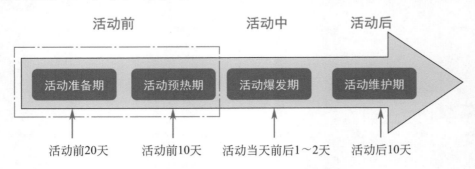

图2-50 大促活动的时间轴和基本流程

下面以"双十大促"活动为例，介绍各个活动时期的工作布局，如图2-51所示。"双十大促"采用千人千面的推荐机制，会根据买家的行为习惯推送他们感兴趣的商品。同时，活动商品标题前会被打上"大促"标志，商品详情页也会增加展示活动横幅。

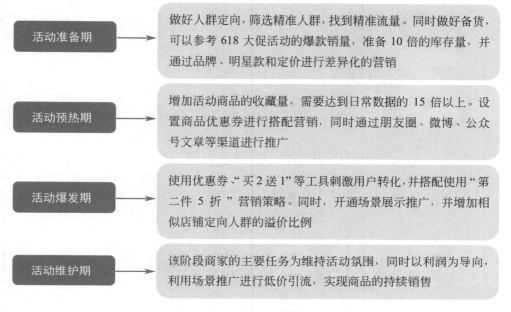

| 活动准备期 | 做好人群定向,筛选精准人群,找到精准流量。同时做好备货,可以参考 618 大促活动的爆款销量,准备 10 倍的库存量,并通过品牌、明星款和定价进行差异化的营销 |

| 活动预热期 | 增加活动商品的收藏量,需要达到日常数据的 15 倍以上。设置商品优惠券进行搭配营销,同时通过朋友圈、微博、公众号文章等渠道进行推广 |

| 活动爆发期 | 使用优惠券、"买2送1"等工具刺激用户转化,并搭配使用"第二件 5 折"营销策略。同时,开通场景展示推广,并增加相似店铺定向人群的溢价比例 |

| 活动维护期 | 该阶段商家的主要任务为维持活动氛围,同时以利润为导向,利用场景推广进行低价引流,实现商品的持续销售 |

图2-51 大促活动的整体布局

另外,在大促活动中期,如果活动商品的流量表现不尽人意,则说明商品在活动资源位的排名非常靠后。出现这种情况,很可能是由于商家的前期预热工作没有做足,或者商品本身出现问题。如果商家排除了后一种情况,则可以结合 ROI 数据的表现,考虑使用搜索推广和场景推广为大促活动进行助推。

第**3**章

提升排名：
抓住流量来源入口

提升排名的目的，就是要让更多的人知道或者看到自己的店铺和商品。本章主要介绍通过搜索推广和场景推广提升排名的技巧，帮助商家提高店铺和商品的展现排名，增加店铺的转化率和知名度。

3.1 排名算法：4个要点，看懂底层逻辑

本节主要介绍搜索排名的算法和底层逻辑，让商家对"多多搜索推广"方式有一个系统性的认识，避免进入运营误区，提升时间和资金的使用效率。

3.1.1 搜索流量：排名的公式算法

做过拼多多或者其他电商平台运营的商家都知道商品标题的重要性，但至于为什么要做好标题，标题到底有什么作用，大家可能都是一知半解。正确的标题有以下两个原则。

- 效果：获得的搜索词组合越多越好，同时搜索人气越高越好。
- 前提：标题中的关键词跟产品高度相关，不要顾虑这些词的竞争度。

设计标题时，可以采用包含性规则，也就是说在商品标题中必须包含某个关键词才能被用户搜到。例如，"女士短裤"这个商品，其标题中不体现"士"这个字，也能被买家搜索出来，如图3-1所示。

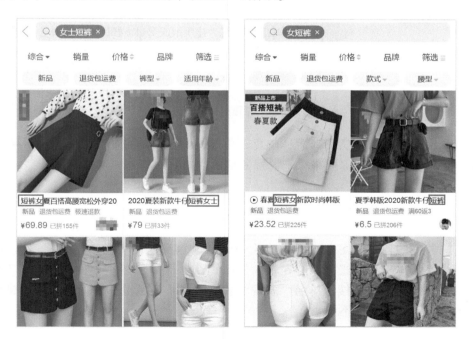

图3-1 搜索不同关键词的结果

从图3-1可以看到，搜索"女士短裤"这个关键词时，在一些商品标题中，部分字并没有连在一起出现，说明这个关键词是可以拆分的，如"短裤""女"和"士"都是可以分开的。

因此，商家只要在对应类目中找到符合商品属性的关键词，然后经过拆分组合形成标题即可。也就是说，标题虽然只有30个字，表面上只有15个词组，但经过拆分组合可以形成更多的词组。因此，在制作商品标题的时候，商家不要只按照常规顺序来选词，还要分析更多潜在的关键词组合，否则会错过很多搜索流量。

搜索流量的基本公式为搜索流量＝搜索展现量×搜索点击率。其中，搜索展现量是平台决定的，而搜索点击率则是由买家决定的。在这两个指标中，商家都可以通过优化调整来提升搜索流量。在拼多多平台，想要商品获得流量，还必须了解流量构成模型，如图3-2所示。

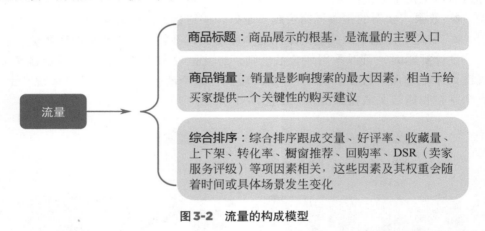

图3-2　流量的构成模型

在相同的推广花费下，商品的点击率越高，获得的点击量就会越大，平均点击扣费（获客成本）则相对来说就会越低，即商家的盈利就会越多。

3.1.2　自然排名：不同方式的区别

拼多多的自然排名主要包括综合、评分、销量、品牌和价格等排序方式。其中，综合排序和销量排序存在很大的区别，这是商家必须了解的地方。可能商家的商品与竞品的搜索排名、展现位置差不多，但销量却低很多，这就是综合排序和销量排序的不同。

（1）综合排序

综合排序主要是根据商家的商品在一段时间内产生的销量、价格、质量、售后和商品评分等条件，进行综合评分来排名并更新的。例如，在搜索"女鞋春季"关键词后，点击"综合"按钮，在弹出的快捷菜单中选择"综合排序"选项，即可采用综合排序方式排列所有商品，如图3-3所示。

综合排序的搜索结果是千人千面的，不同的买家搜索同一个关键词，看到的结果是不一样的。商家可以通过提高商品质量分，或者利用推广工具提升商品的基础数据，来提升综合排序的自然搜索排名。

（2）销量排序

销量排序主要根据商品近30天的销量数据进行排名。采用销量排序模式时，排名靠前的商品基本都是销量10万＋的商品。

不过，细心的商家可能会发现，很多商品销量比较小，却能够排在前面，如图3-4所示。这是因为销量排序依据的是商品近30天的销量，而搜索结果页面展现的是商品的所有销量，所以只要做好近期的销量，即可获得更好的排名。

图3-3　综合排序

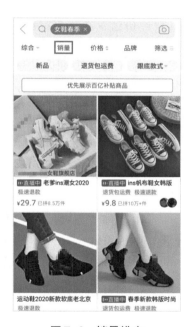

图3-4　销量排序

大部分消费者都觉得销量好的商品，质量肯定也不会差，这是正常人的消费思维。如果商家的商品和竞品完全一致，甚至性价比更高，搜索排名更靠前，但日销量就是比竞品低，这就是销量排序带来的结果，因为竞品的销量排序要比你的商品更高。

（3）匹配原理

搜索排名的匹配是由商品标签（所在类目、属性、标题关键字）和用户标签共同决定的。其中，用户标签的组成部分如下。

① 用户基本属性。用户在注册平台账号时设置的基本资料，如年龄、地区、性别等，这些资料会形成部分基本标签。不过，用户可能会随时修改这些资料，因此这种标签的稳定性比较差。

② 用户行为标签。用户浏览、收藏、购买某个商品的记录，形成的用户行为标签，这种老顾客标签对于搜索结果的影响非常大。

● 收藏的商品：主要针对买家收藏的商品，不限时间，都会在搜索结果页和推荐页中展示该标签。

● 购买过：买家成功拼团购买了一件商品，会在搜索结果页和推荐页中展示该标签。

● 好评过：买家购买并给予商品好评，会在搜索结果页和推荐页中展示该标签。注意，系统默认好评不算。

● 我评价过 N 次：买家给予某个商品的好评超过2次，N 为具体的评价次数，则会在搜索结果页和推荐页中展示该标签。注意，系统默认好评不算。

如果商家无法在短期内快速拉新，不妨回头看看自己的老顾客，这些老顾客的作用是新顾客无法替代的。维护老顾客不仅可以帮助商家减少广告支出、沟通成本和服务成本，还能获得相对稳定的销量。商家在打造爆款产品时可以转换一下思路，利用用户标签来吸引和维护店铺的老顾客，让店铺的生意更长久、更火爆。

专家提醒

　　用户标签主要反映买家和商品的各种关系，如果商品质量确实很好，则能够吸引有需求的买家再次回购。同时，拼多多还有展现买家与店铺关系的用户标签，如"我好评过的店铺""我收藏过的店铺"等；以及展现买家的微信好友和商品之间的关系的用户标签，如"好友买过的店/商品""N 位好友买过的店/商品""好友收藏过的店/商品""N 位好友收藏过的店/商品""好友好评过的店/商品""N 位好友好评过的店/商品"等标签。

当然，如果商品还没有老顾客，商家可以利用搜索推广来打标签，根据产品的人群定位来选择精准的关键词作为引导标签，并通过场景推广提升精准人群的溢价、优化商品"内功"，给商品打上精准的用户标签。

商品的综合排名是根据标题、标签和权重组合产生的，其中还有很多看不到的系统算法。对于中小商家来说，只需要从以上3个方面努力，即可有效提升店铺的订单量和销售额。

3.1.3　搜索优化：提升店铺的排名

搜索流量主要来自拼多多App的搜索入口，自然搜索流量是免费的流量，而且它引来的流量非常精准，能够有效提高店铺的转化率。例如，某买家在拼多多上搜索"休闲女裤"时，她在搜索结果中找到并点击了你的店铺商品，而你没有做任何宣传广告，这就是免费的自然搜索流量，如图3-5所示。

图3-5　搜索流量示例

搜索排名受到诸多因素的影响，具体包括商品标题、关键词适配度、点击率、转化率、产品类目、销量、上架时间、客单价、售后服务、DSR（Detail Seller Rating，卖家服务评级）评分和商品评价等。这些因素对于搜索排名的影响作用有大有小，同时搜索结果还会遵循千人千面的展示逻辑。

对于新店铺或者新品来说，这些基础数据几乎都为零，此时可以从曝光量、访客和销量这3个最底层的指标来努力，获得更好的搜索排名。

当买家搜索一个关键词的时候，拼多多的搜索机制就会在后台筛选相关的商品，最终选择SEO（Search Engine Optimization，搜索引擎优化）做得好的商品展示在前面。如果商家在发布商品时放错了类目属性，或者商品的标题不够准确，抑或是店铺的相关性不够高，商品就会被搜索引擎筛选掉，这是拼多多SEO精准性小而美的体现，也是所有商家需要注意的地方。搜索优化的关键指标如图3-6所示。

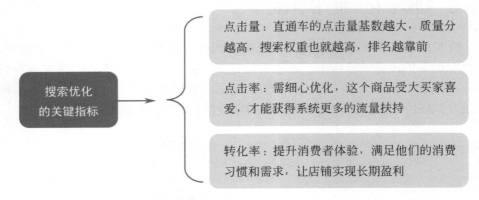

图3-6　搜索优化的关键指标

搜索引擎会计算出商品的综合分数，综合分数越高，在综合排序中排在前端的时间就越长。最后，系统会按照所有商品各自获得的综合分数来排序，将其一个个排列在搜索结果页面中，等待买家选择和点击。

3.1.4　权重排序：搜索流量的原则

权重是一个相对的概念，是针对某一指标而言，如拼多多权重就是平台根据商品表现给出的一个估值，可以用于评估商品获取流量和排名的能力。

（1）提升产品权重

拼多多产品的常见流量来源主要包括自然搜索、场景、类目、搜索推广、活动和推送这6个方面，这也是影响产品权重的主要因素，具体分析如表3-1所示。

表3-1　影响产品权重的主要因素

权重类型	权重独立性	影响因素	提升技巧
自然搜索权重	强	影响最大：标题和属性与关键词的匹配度 影响其次：对应关键词累积的GMV 其他因素：评分、回购率、跳失率、退款率、非搜索GMV	优化标题，完善属性，积累更多的关键词GMV

权重类型	权重独立性	影响因素	提升技巧
场景权重	强	商品质量分	做好场景计划的创意图测试，提升点击率
类目权重	弱	商品全维度GMV	通过活动推广、页面设计等方法提升GMV
搜索推广权重	强	关键词质量分	搜索推广计划采用多创意图策略，前期选择长尾词，提高关键词与标题/属性的匹配度，找到精准的投放时间段
活动权重	强	UV（Unique Visitor，独立访客）价值	提高产品在活动中的单位曝光营业额
推送权重	中	UV价值	提升点击率和转化率

（2）提升店铺权重

店铺权重包括开店状况、服务指标、销售额、销量、店铺动销率、店铺转化率以及相关性等因素。卖家必须通过了解和掌握这些影响店铺权重的因素，不断调整店铺基本设置和推广方案，来提升店铺的销量。

① 开店状况。包括开店的时间，商品的分类、数量和销售情况，以及违规扣分情况等因素。

② 服务指标。包括店铺资质、DSR、客服服务、售后服务、发货速度、评价以及买家秀等因素。

③ 销售额、销量。店铺商品有没有人购买、有多少成交，不仅影响店铺的销量权重，也反映了商品的潜力。

④ 店铺动销率。动销率＝有销量的商品÷在线销售的商品。例如，店铺上架了100款产品，但只有不到10款产品有销量，其他的产品都没有产生销量，说明店铺动销率非常低。

⑤ 店铺转化率。最能提升搜索权重的转化率就是搜索转化率，通过搜索的关键词进入店铺达成交易的比率越高，权重就会越大，排名一般就会靠前一些。

⑥ 相关性。相关性筛选，系统会直接屏蔽掉不相关的产品。比如买家搜"单肩包"，卖家如果是做牛仔裤的，就会被直接屏蔽。

● 店铺相关性：主营占比。

- 类目相关性：产品发布到相关类目。
- 标题相关性：标题里面词的相关性。
- 图片相关性：主图、活动图的相关性。
- 属性相关性：属性填全且精准。
- 关键词相关性：关键词的关键属性与类目属性、商品标题有相关性。

店铺排序主要按照以上综合权重进行排序，同时采用千人千面的展示逻辑。商家可以优化店铺标题和关键词的匹配程度，并提升店铺的销量和DSR等维度，来提升店铺排序。

3.2 底层逻辑：5个方面，弄懂场景算法

很多买家在拼多多购物时，可能并没有太明显的购物目标，此时他们只是在各个场景中闲逛，看看有没有自己需要的商品。因此，商家可以在这些场景中投放广告，如商品详情页底部、店铺收藏夹、用户好评后的页面、营销活动页以及各个类目页等，吸引这些买家下单。

场景推广不仅拥有丰富的场景展示资源，还有海量流量和超高曝光量，其用户基量达到5亿＋。场景推广还可以帮助商家精准锁定目标人群，如店铺老客、竞品顾客以及行业优质顾客等，让商家用低成本获得高质流量。本节主要介绍场景推广的底层逻辑和算法规则，帮助商家获得更优质的展现资源位。

3.2.1 产品用途：多多场景的基本认知

如图3-7所示，在"人群"选项卡中可以看到，该场景推广计划单元的人群定向为"全体人群"。其中，"全体"代表数量，"人群"代表标签，该计划获得的流量够不够精准、转化够不够好，都是由"人群"这个标签来决定的，而订单量的多少则是由点击量指标来决定的。

切换至"资源位"选项卡，可以看到"资源位"为"基础流量包"，等同于人群定向中的"全体人群"，如图3-8所示。商家可以根据自己的推广需求来选择合适的资源位。例如，微信拼多多服务号的推文红包中，广告位设置在（$1+6n$）的位置，在"现金签到"活动页面中，前50个位置为广告位。

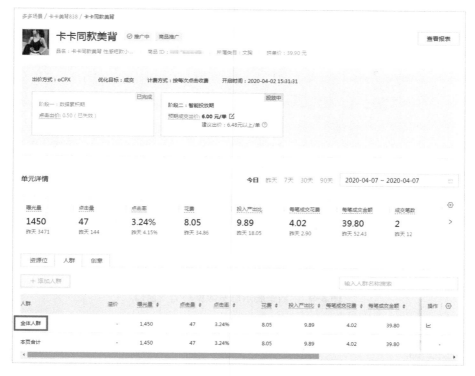

图3-7　场景推广计划单元的"人群"选项卡

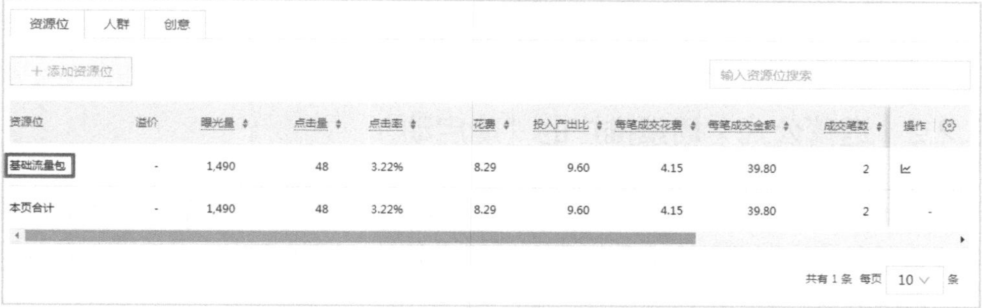

资源位　人群　创意

+ 添加资源位

输入资源位搜索

资源位	溢价	曝光量	点击量	点击率	花费	投入产出比	每笔成交花费	每笔成交金额	成交笔数	操作
基础流量包	-	1,490	48	3.22%	8.29	9.60	4.15	39.80	2	∟
本页合计	-	1,490	48	3.22%	8.29	9.60	4.15	39.80	2	-

共有 1 条 每页 10 ∨ 条

图3-8　场景推广计划单元的"资源位"选项卡

场景推广适合低客单价的生活必备品和应季需求量大的快消品，也就是说买家在逛街时看到就会买，同时他们也买得起的商品。

商家可以进入拼多多商家后台的"推广中心→推广计划→多多场景"界面，单击报表总览区域中的"成交笔数"指标，打开"场景展示总览数据趋势"窗口，即可查看由场景推广带来的交易订单量，如图3-9所示。

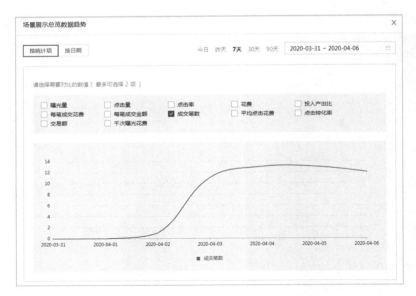

图 3-9 "场景展示总览数据趋势"窗口

3.2.2　运营公式：场景推广的"冷启动"

　　对于新店或新品来说，刚开始进行场景推广，获得的曝光量通常都比较少。此时，商家不要过于心急，也无须怀疑自己的店铺或商品权重是不是被降低了，这是因为场景推广通常有一至两天的"冷启动"阶段。

　　"冷启动"是指启动得比较慢，在场景推广计划中就是指获取曝光量的速度比较慢。商家想要通过场景推广让商品进入系统的流量池，首先需要让系统了解你的商品，以及该商品适合哪些用户，这样系统才能够为商品匹配更精准的流量资源。

　　因此，要想快速开启场景推广，早点结束"冷启动"阶段，商家还必须了解场景推广的一些运营公式，如表3-2所示。这些都是商家在运营店铺过程中每天都会用到的数据指标，一定要牢记于心。

表 3-2　场景推广的常用运营公式

指标名称	计算公式
点击率	点击量 ÷ 曝光量
每笔成交花费（即每成交 1 单的平均花费）	花费 ÷ 成交笔数
利润平衡点（1：1）	毛利润 × 点击转化率
每笔成交金额（即每成交一笔带来的支付交易额）	交易额 ÷ 成交笔数
新词基础价格	客单价 × 转化率
支付转化率	支付买家数 ÷ 访客数 ×100%
订单指数	展现指数 × 点击率 × 点击转化率
流量价值	利润 × 转化率
平均点击花费（即推广创意每获得 1 次点击的平均花费）	花费 ÷ 点击量
订单数	访客数 × 转化率
交易额	直接成交金额 + 间接成交金额
千次曝光花费（即推广创意每曝光 1000 次的平均花费）	花费 ÷ 曝光量 ×1000

例如，点击率代表场景推广的创意对买家的吸引力，点击率越高代表吸引力越大，如图 3-10 所示。点击率包括曝光量和点击量两个维度，曝光量是指推广创意在广告位被买家看到的次数；点击量则是指推广创意在广告位被点击的次数。注意，虚假点击将被反作弊体系过滤。

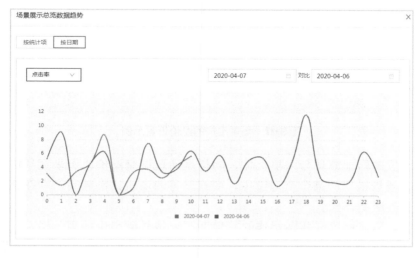

图 3-10　查看场景展示的点击率数据趋势

总之，在场景推广的"冷启动"阶段，商家一定要做好商品的基本运营，并通过坚持投放为流量池蓄水，这样才能获得期望的回报。在投放场景推广一段时间后，还可以配合使用DMP工具和短信营销工具，充分发挥二次推广的效果。

3.2.3 匹配方式：多多场景的排名原理

在创建场景推广计划时，操作原理通常是先圈选一部分定向人群，然后选择一部分定向资源位进行匹配，同时根据这些人群和资源位的曝光量、点击率和成交数据来调整溢价。

在不同的资源位和人群中，设置的溢价越高，获得的曝光量也就越大。其中，基础出价针对的是全体人群和基础流量包。例如，将"基础出价"设置为0.1元，在"人群溢价"设置中就相当于以0.1元来竞争全体人群，如果将"商品潜力人群"的溢价比例调整为50%，则该定向人群的出价就是0.15元，这可以让这部分的精准流量更多一些，如图3-11所示。

图3-11 场景推广的溢价设置示例

资源位的匹配原理与人群类似，同样是通过调整溢价比例来竞争优质的资源位。在场景推广的某个资源位中，商家设置的溢价比例越高，则在该广告位的排名也就越高一些。

因此，建议商家在实际操作时，前期可以将基础出价调高一些，从而圈选更多的人群，当获得足够大的曝光量后，再通过调高溢价比例来竞争精准的人群。

3.2.4 均匀消耗：用分时折扣调整计划

商家可以进入拼多多管理后台的"推广中心→推广报表→场景展示"界面，将时间段设置为"今日"，在"趋势对比"图中通过"按统计项"的方式，重点观察每个推广计划的"曝光量"和"点击量"数据，从而了解该计划的全天消耗情况，如图3-12所示。

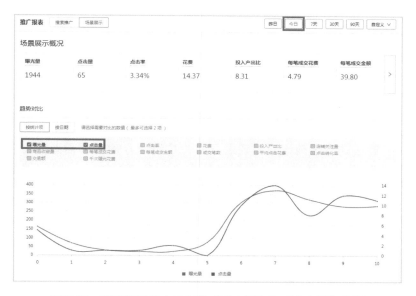

图3-12 查看场景推广计划的"曝光量"和"点击量"数据

从图3-12中可以看到，该场景推广计划的"曝光量"和"点击量"峰值都聚集在某一段时间范围内，这样可以针对某个时间段的运营数据更好地进行测试。但是，如果商家此时是在进行测款操作，则得到的可能是转化率有偏差的时间段流量，这样极有可能导致对款式的误判。

建议商家先选择智能均匀投放，通过3 ~ 7天的测试，找出成交的高峰时间段，再调整分时折扣，获得更加合理的点击均匀消耗。

3.2.5 数据量化：做出更加准确的判断

要实现数据量化，首先需要积累一定量的数据，这样数据的参考价值才会更大。否则，如果仅看一天的数据，由于每天的点击率或转化率随机性比较大，数据相差也会很大，这样获得的结果难以精准。

例如，某商家通过场景推广，当天获得的点击量为465个，成交笔数为50

单，则点击转化率就是10.75%，如图3-13所示。当然，这只是一天的数据，数据的偶发性概率比较大，如果商家在这一个月当中，每天的数据都是如此，则基本可以确定其点击转化率就是10.75%。

图3-13 场景推广数据运营示例

商家不管是进行店铺诊断，还是日常推广运营，前期都需要通过各种免费或付费渠道来获得大量数据，数据量越大判断会越精准，才能实现精准化运营，从而提升今后制定的运营策略的准确性。

3.3 推广商品：5个技巧，提高排名曝光

当商家发现自己的付费推广没有曝光时，可以先根据以下原因进行自查。

● 分时折扣是否设置为0，推广计划有没有生效。

● 出价是否过低，从而无法获得曝光。

除了排除以上原因外，商家还需要从商品自身来优化推广计划。本节将从搜索推广和场景展示推广计划的优化入手，介绍提高商品排名和曝光量的技巧。

3.3.1 标题优化：获得更高的搜索排名

标题优化的作用是让买家能搜索到、能点击，最终进入店铺产生成交。标题优化的目的则是为了获得更高的搜索排名、更好的客户体验、更多的免费有效点击量。

商品标题是体现商品品牌、属性、品名和规格等信息的文字。商家在创建商品时，还需要在商品标题下方填写商品的相关属性，如图3-14所示。好的

商品标题可以给商品带来更大的曝光，能够准确地切中目标用户，所以商家一定要重视标题。需要注意的是，商品标题最多只能包含60个字符或者30个汉字，而且是要符合商品属性的相关描述。

图3-14 设置商品标题和商品属性

系统会根据商品标题为商品贴上各种标签，当买家通过关键词搜索商品时，系统会匹配用户行为标签和商品标签，优先推荐相关度高的商品。

商家在做标题优化的时候，首要工作就是"找词"，即找各种热门关键词的数据，包括商品的款式、属性、价格以及卖点等，这些做标题要用到的关键词商家都要记下来。

专家提醒

标题的基本编写公式为：
标题＝商品价值关键词＋商品商业关键词＋商品属性关键词

3.3.2 排名规则：搜索曝光的影响因素

影响搜索推广的曝光因素主要包括以下5个方面。

① 关键词的数量足够多。在搜索推广计划中，精准关键词的数量越多，获得的曝光量自然会越大。例如，商品A的推广关键词有100个，而商品B的推广关键词只有60个，则商品A得到的曝光量显然会大于商品B。

② 关键词的搜索热度高。搜索热度是指关键词搜索次数，数值越大，代表搜索次数越多。搜索热度低的关键词说明其搜索人气也非常低，搜索该关键词的用户群体自然也会很少，从而影响关键词的整体曝光量。因此，商家在选择关键词时，可以参考搜索热度指标进行筛选，如图3-15所示。

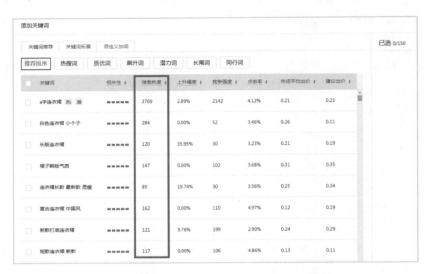

图3-15   参考搜索热度指标筛选关键词

③ 提高单个关键词的出价。拼多多的搜索推广是根据关键词出价来进行排名的。因此，商家可以通过调整关键词出价，使其高于竞品的关键词出价，从而提高推广商品的展示位置，增加曝光量。

④ 选取的关键词要足够精准。如果商家选择的关键词与商品属性相差比较大或者毫无关系，也会影响商品的整体曝光量。

⑤ 合理设置分时折扣选项。在流量的高峰期和低谷期，获取的曝光量差异非常大。商家可以通过分时折扣设置，根据流量趋势来合理设置搜索推广的关键词出价，在流量高峰期适当提高关键词出价，获得更多曝光量。

3.3.3   卡位技能：让商品保持固定排名

在掌握场景推广的卡位技巧之前，商家需要先了解溢价的操作原理。具体来说，场景推广的溢价设置包括人群溢价和资源位溢价两个方面，商家可以从中入手设置不同的溢价组合。下面介绍几种常用的溢价组合方式，如表3-3所示。

了解了溢价原理后，对于卡位的操作方法就比较清晰了。卡位就是通过频繁调整人群溢价和资源位溢价的组合，让商品在某个资源位的排名能够保持稳

表3-3　几种常用的溢价组合方式

资源位溢价		人群溢价		商品排名
基础流量包	类目商品页	全体人群	相似商品定向	
高	低	高	低	所有买家在全部资源位 看到的商品排名位置都偏高
低	低	低	高	浏览过相似商品的买家 看到的商品排名位置偏高
低	高	低	低	所有买家在类目商品页 看到的商品排名位置偏高
低	高	低	高	浏览过相似商品的买家在类目商 品页看到的商品排名位置比较高

定不变。通常情况下，商品越靠前面，就越有可能获得更高的点击率，同时还能够直接提升商品的质量分。

　　以相似商品定向和类目商品页的溢价组合为例，商家可以通过调整"相似商品定向＋类目商品页"组合的溢价，使商品始终排在类目商品页资源位的首位。此时，若竞品调高溢价比例，商家也跟着调高溢价比例，使商品排名保持在首位。

　　商家可以使用"搜索行业分析"这个推广工具查看商品排名，进入拼多多管理后台的"推广中心→推广工具→搜索行业分析"界面，在下方的"搜索商品排行榜"中设置相应的统计时间、行业、二级类目和三级类目，即可查看商品的排名情况，如图3-16所示。

图3-16　查看热销商品的排名情况

推广商品要在类目商品页获得排名和曝光，是有一定的销量门槛的，基本要求为"一级类目需要累计500个销量"。

3.3.4 超级运营：提高搜索排名和流量

"超级运营"是一个可以帮助商家提高搜索排名和自然流量的推广工具，能够实现搜索推广和场景展示推广计划的智能托管，轻松获得百万曝光量。其核心功能如图3-17所示。

图3-17 "超级运营"推广工具的核心功能

商家可以进入"推广中心→推广工具→超级运营"界面，购买该应用后进入详情界面，即可使用搜索计划托管、场景计划托管、店铺诊断、主图优化、推广日报、标题优化等功能，如图3-18所示。

图3-18 "超级运营"推广工具主界面

例如，标题优化功能主要包括标题长度控制、关键字分布、关键字词频及关键字组合技巧等，可以让商品标题快速在竞品中获得更靠前的排名，增加曝光率、点击量以提升转化率。

3.3.5　商品诊断：提高行业竞争力水平

商品诊断工具可以为商家提供搜索推广计划下的商品投放诊断和商品竞争分析服务，帮助商家提高行业竞争力。商家进入"推广中心→推广工具→商品诊断"界面，选择相应的推广计划，即可进行曝光诊断、点击率诊断和转化率诊断，并列出相关的问题及原因，如图3-19所示。

图3-19　"商品诊断"推广工具主界面

当系统诊断推广计划存在问题时，还会给出相应的优化建议，如开启智能词包或者添加优质关键词，来提升推广商品的排名和曝光量。商家可以直接单击"一键开启"按钮或者"一键采纳"按钮，根据系统方案快速做出优化，如图3-20所示。

图3-20　商品诊断的优化建议

另外，在"商品诊断"推广工具页面最下方，商家可以查看近7天的竞品累计数据对比情况，查看商品与竞品的差异，找出问题所在，进行针对性的优化调整，如图3-21所示。

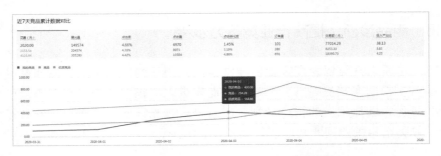

图3-21　查看近7天的竞品累计数据对比情况

专家提醒

当商家经过商品诊断，发现点击率低于竞品时，可能是由于已买关键词的整体点击率低且存在优质关键词未添加等情况，此时商家可以通过添加优质关键词和高潜力关键词，来获得更多优质曝光和点击。

第4章

选词养词：
精准快速展现产品

　　关键词翻译自英文"keywords"，指的是用户在搜索时键入的，能够表达用户个体需求的词。关键词在拼多多平台上起到用户索引、匹配商品的作用。本章主要介绍关键词的选和"养词"技巧，帮助商家获取更多优质流量。

4.1 精准选词：11个方法，选出优质关键词

关键词一定要精准，要流量大、搜索人气高，相关性也要高，必须是成交数据最好的词，这样才能给推广的商品带来流量和转化。

4.1.1 关键词词根的运用方法

词根是指关键词的最小组合单位。如图4-1所示，该商品的标题为"针织背心女装2020新款V领冰丝小吊带百搭性感显瘦蕾丝花边打底夏"，可以拆分出不同的词根。其中"小吊带"就是一个词根，它是一个连着的词，如果将其拆分为"小"和"吊带"，这样"小"这个词就没有任何意义了。

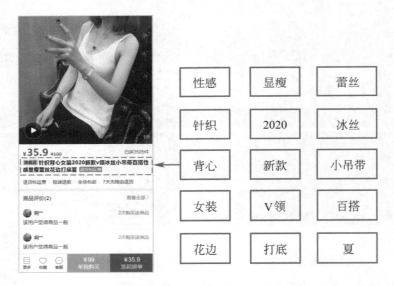

图4-1 关键词词根拆分示例

商家在组合标题时，还需要注意词根的运用，以及了解关键词的组合结构。

① 顶级关键词（类目关键词）。又称为核心词，一般由2～3个字组成，如"女装"。顶级关键词的主要优势是搜索量非常大，而劣势是市场竞争非常激烈，新商品很难去竞争这些关键词的流量。

② 二级关键词（包含类目关键词）。即加入了商品属性的核心词，通常由4～5个字组成，如"背心女装"等。二级关键词的主要优势是能够获得较大的搜索流量，而劣势同样是竞争比较激烈。

③ 长尾关键词（包含二级关键词）。通常由5个字以上或多个词组成，如"针织背心女装"。长尾关键词是指在二级关键词的基础上加入更多的属性词，主要优势是搜索流量的精准度高、竞争度小，而劣势则是搜索流量比较小。

拼多多系统通过搜索识别商品标题，将商品标题拆分成词根来进行检索匹配。图4-2为拼多多关键词的排序规则。

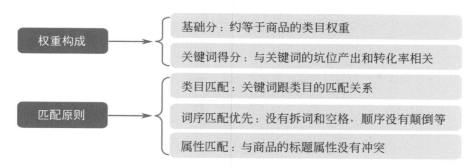

图4-2　拼多多关键词的排序规则

4.1.2　关键词选词的基本渠道

在创建搜索推广计划时，商家需要选择一个销量高、评价好的产品，这样转化率也会更高。接下来是选词，搜索推广计划的选词途径包括商家后台的商品热搜词、系统推荐词、搜索下拉、第三方软件推荐以及质量分/相关性高的词。图4-3为"关键词及人群"设置界面，商家可以在此为推广计划添加关键词。

图4-3　"关键词及人群"设置界面

单击"添加更多关键词"按钮打开"添加关键词"窗口，商家可以通过关键词推荐、关键词拓展和自定义加词3个渠道来添加关键词。

在"关键词推荐"选项卡中，商家可以单击推荐排序、热搜词、质优词、飙升词、潜力词、长尾词、同行词等标签来快速选词，也可以根据相关性、搜索热度、上升幅度、竞争强度、点击率以及市场平均出价等指标来对所有关键词进行排序，从而筛选出优质的关键词，如图4-4所示。

关键词	相关性 ⇕	搜索热度 ⇕	上升幅度 ⇕	竞争强度 ⇕	点击率 ⇕	市场平均出价 ⇕	建议出价 ⇕
☐ 针织打底衫女 热 潜	▬▬▬▬▬	7431	0.00%	9805	3.64%	0.37	0.36
☐ 针织开衫 飙 热 潜	▬▬▬▬▬	5664	88.65%	2347	4.84%	0.23	0.22
☐ 高领打底衫女 飙 热 潜	▬▬▬▬▬	7853	13.25%	11054	4.76%	0.24	0.22
☐ 毛衣女宽松 热 潜	▬▬▬▬▬	5813	4.47%	8093	3.83%	0.23	0.24
☐ 背心女 优 热 潜	▬▬▬▬▬	67078	0.00%	14913	3.99%	0.51	0.55
☐ 泡泡袖上衣 热 潜	▬▬▬▬▬	24693	0.00%	21791	4.42%	0.33	0.31
☐ 中长款外套女 飙 热 潜	▬▬▬▬▬	14597	12.37%	12759	3.84%	0.34	0.37
☐ 格子外套女 热 潜	▬▬▬▬▬	21054	5.04%	11140	3.63%	0.21	0.22
☐ 体恤衫女 优 热	▬▬▬▬▬	26323	0.00%	36754	3.66%	0.65	0.64

图4-4 "关键词推荐"选项卡

专家提醒

"关键词推荐"选项卡中各个快捷标签的含义如下。

① 热搜词：搜索热度高于平均水平的关键词。

② 质优词：点击转化率或者投入产出比较高的词。

③ 飙升词：近期搜索量快速增长的关键词。

④ 潜力词：有一定的搜索热度，但市场出价水平和竞争程度较低的关键词。

⑤ 长尾词：搜索热度较低，但是点击率较高的关键词。

⑥ 同行词：同行购买，有一定搜索热度且点击率高于平均水平的关键词。

其中，搜索热度是指关键词的搜索次数，数值越大，代表搜索次数越多。上升幅度是指该关键词搜索量的上升百分比，数值越大，代表搜索上升幅度越强。竞争强度是指同一时间竞价该关键词的商家数量，数值越大，代表竞争越强。

切换至“关键词拓展”选项卡，商家可以在搜索框中输入一个关键词，单击“查询”按钮，系统会围绕这个关键词为商家推荐更多相关词，如图4-5所示。

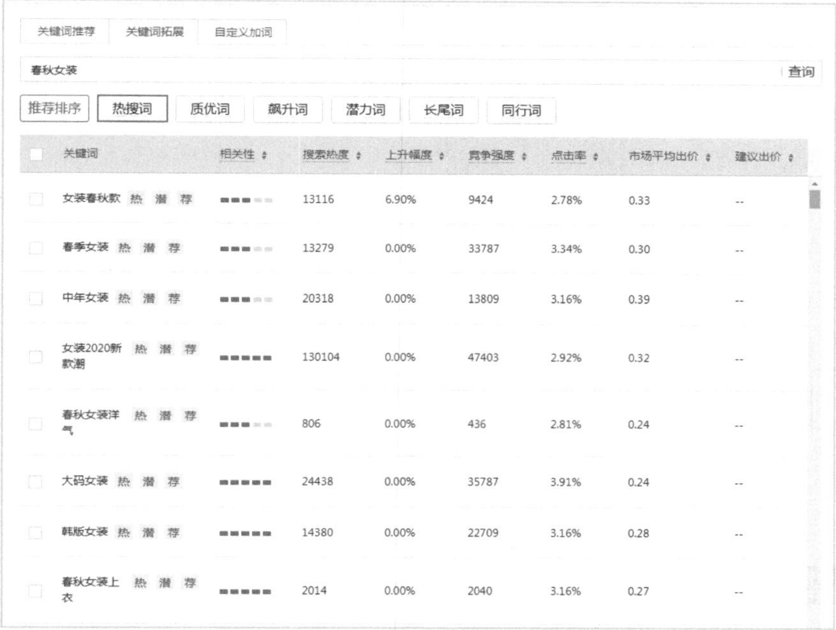

关键词	相关性	搜索热度	上升幅度	竞争强度	点击率	市场平均出价	建议出价
女装春秋款 热 潜 荐		13116	6.90%	9424	2.78%	0.33	--
春季女装 热 潜 荐		13279	0.00%	33787	3.34%	0.30	--
中年女装 热 潜 荐		20318	0.00%	13809	3.16%	0.39	--
女装2020新款潮 热 潜 荐		130104	0.00%	47403	2.92%	0.32	--
春秋女装洋气 热 潜 荐		806	0.00%	436	2.81%	0.24	--
大码女装 热 潜 荐		24438	0.00%	35787	3.91%	0.24	--
韩版女装 热 潜 荐		14380	0.00%	22709	3.16%	0.28	--
春秋女装上衣 热 潜 荐		2014	0.00%	2040	3.16%	0.27	--

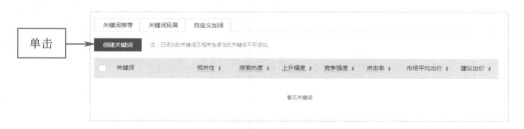

图4-5 “关键词拓展”功能

切换至“自定义加词”选项卡，单击“创建关键词”按钮，如图4-6所示。

图4-6 单击“创建关键词”按钮

在下方弹出的窗口中输入自定义的关键词，如图4-7所示。

图4-7 输入自定义的关键词

单击"确认"按钮，即可添加自定义关键词，如图4-8所示。商家可以添加一些属性关键词或价值关键词，如表达商品分类、名称、型号、功能、特性的关键词。

图4-8 添加自定义关键词

专家提醒

在推广计划投放过程中，要结合点击量、点击率、收藏、加购、ROI等数据来辅助判断关键词的加减。

● 小预算的付费推广由于没有过多的资金，更需要通过关注投入产出比数据来控制关键词的选择。

● 商家的预算有限，而且商品类目是一个大类目，如果想让商品的质量得分快速上升，需要优先考虑行业点击率和点击转化率这两个指标。

4.1.3 推广关键词的分类方式

从关键词的属性来看，可以分为物理属性关键词和抽象属性关键词。

① 物理属性关键词。从商品的图片上即可看出来的关键词。例如，"五分袖""半高领""棉针织衫"这些词都属于物理属性关键词，如图4-9所示。

② 抽象属性关键词。是指概念和人群需求比较模糊，难以界定属性的产品关键词。如图4-10所示，标题中的"2019新款""修身""显瘦"等关键词，在图中并不能很好地进行判断和界定，因此这些关键词就是抽象属性关键词。

图4-9　物理属性关键词示例

图4-10　抽象属性关键词示例

4.1.4　选词基本原则：相关性

关键词的选择精髓在于"加减"，需要不断地通过数据的反馈来加关键词或者减关键词。在关键词选择的初期，商家可以参考系统默认推荐的关键词，结合店铺选品的实际情况，根据对应的指数来选择关键词。

在选择关键词时，商家还需要注意"相关性"指标。相关性是根据关键词与商品标题内容、类目匹配、用户行为等多个维度分析折算所得，得分越高，代表推广商品与关键词的相关性越高。

（1）关键词与商品本身信息的相关性

这个相关性主要是指商家购买的关键词与商品的相符程度，主要体现在商品标题、创意标题信息上。如果是商家商品标题中用到过的关键词，尤其在搜索推广标题中出现过的，这些关键词与商品本身信息的相关性就会提高。

在自然搜索端，70%的流量都来自关键词搜索，优化关键词也是获取免费流量的重要手段，同时，优选出来的关键词一定要进行重点优化。

（2）关键词与商品类目的相关性

这个相关性主要是指商品发布的类目和关键词的优先类目相同。这是一个非常关键的指标，在"添加关键词"窗口中，系统推荐的关键词大部分都是在同一类目下的关键词，但是有的商家希望获取更多流量，擅自使用其他类目的词汇，这样会导致类目相关性降低，质量得分会非常低。

（3）关键词与商品属性的相关性

这个相关性主要是指商家发布商品时选择的属性与关键词的一致性，尽可能填写符合自己商品特征的属性。例如，买家在搜索"铁衣架"关键词时，商品属性中包括该关键词的商品会获得更好的展现，如图4-11所示。

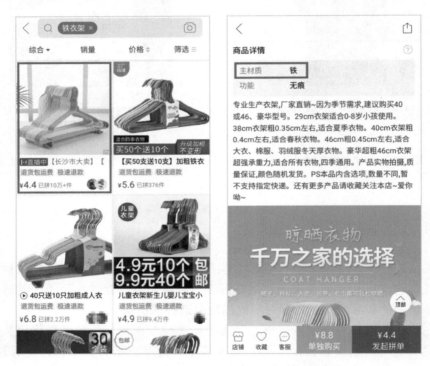

图 4-11　关键词与商品属性的相关性案例

4.1.5　用搜索词分析一键加词

商家可以进入拼多多管理后台的"推广中心→推广工具"界面，在"推广工具"选项区中选择"搜索词分析"工具。进入"搜索词分析"工具主界面，在"搜索词排行榜"中可以选择热搜词或热门长尾词，如图4-12所示。

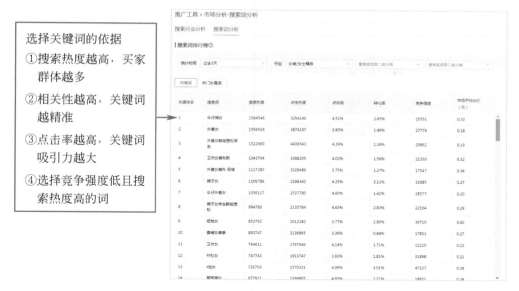

图4-12 使用"搜索词分析"工具选词

"搜索词排行榜"中显示的一级行业为商家店铺90天内销售量最大的商品所属的一级行业。若商家在90天内未销售出去商品,此功能将自动关闭。

接下来为"搜索词查询"功能,商家可以在"关键词搜索"文本框中输入相应关键词,单击"查询"按钮,即可查看该关键词在某段时间内的搜索热度、点击热度、点击率、转化率、竞争强度以及市场平均出价等指标趋势,如图4-13所示。同时,商家还可以添加对比词进行对比,找出更好的关键词,如图4-14所示。

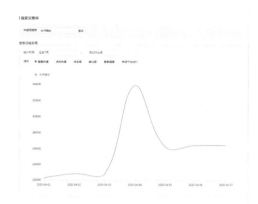

图4-13 使用"搜索词查询"功能

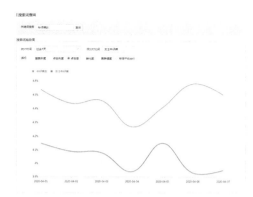

图4-14 添加对比词

在"搜索词分析"界面的最下方为"相关搜索词推荐"功能，❶商家可以在列表中选中多个关键词；❷单击"添加至推广单元"按钮，如图4-15所示。

图 4-15　使用"相关搜索词推荐"功能

执行操作后，弹出"请选择推广单元"对话框，在"推广单元"列表中选择合适的推广单元，单击"确定"按钮，即可快速将所选关键词添加到推广计划的相应单元中，如图4-16所示。

图 4-16　选择推广单元

4.1.6　通过App的搜索下拉框选词

商家可以打开拼多多App，在搜索框中输入跟自己产品相关的属性词，通常可以选择两个属性。例如，输入"裤子女"，查看下拉框中的词是否有符合自己产品属性的词，然后增加属性词继续搜索，直至找到更精准的关键词，如图4-17所示。

图4-17 通过App的下拉框选词

需要注意的是，App搜索下拉框是一个最大的且能够影响用户搜索习惯的关键词入口，会随着季节和人群搜索习惯的变化而变化，商家要经常关注这个地方。建议商家每周对App搜索下拉框中的关键词进行统计，从而找到更新、更热门的关键词。

4.1.7　不同场景下的选词技巧

商家在日常运营、上新、测图测款或者冲量期间，都可以采用不同的关键词选择方法。

① 测图测款。商家要准备6～10个关键词，小类目只需要2～4个关键词。在创建搜索推广计划时，打开"添加关键词"窗口，按照相关性进行排序，选择其中搜索热度高的关键词，如图4-18所示。这样操作的目的在于测试关键词的点击率，点击率越高说明款式和创意图越好。

② 推出新品。在上新阶段，商家需要准备10～15个二级词或者长尾词，目的在于快速提升产品的权重和搜索排名。二级词可以保证新品获得足够大的曝光量，而长尾词则能够让新品获得精准的用户群体。

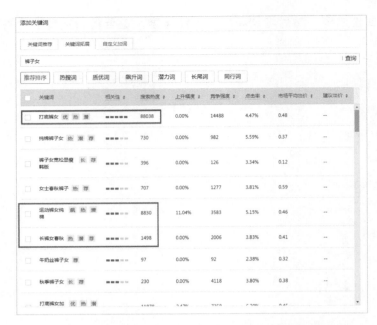

图4-18　按照相关性进行排序，选择搜索热度高的关键词

③ 产品冲量。在产品冲量阶段，需要极大的曝光量来支持，此时商家可以在原有的关键词数量基础上，再增加3 ～ 6个类目词、行业大词或搜索热度最高的词。这样操作的目的在于快速提升商品的GMV，使其达到平台活动的报名门槛。

④ 日常运营。在日常运营推广中，选择关键词主要分为以下3步。

● 前期：提升排名。商家可以选择曝光量较大的二级词，同时配合能精准曝光的长尾词，来提升商品的曝光量、权重和搜索排名。

● 中期：冲击销量。商家可以选择"一级词＋二级词＋长尾词"的关键词组合方式，使曝光量、点击率和转化率等推广数据达到平衡状态，实现商品销量的快速提升，该阶段暂时无须关注ROI数据。

● 后期：持续盈利。商家可以选择点击率和转化率都比较高的优质关键词，同时注意控制关键词的ROI数据，使其保持在日常的1.5倍左右，实现商品的热卖和预期盈利目标。

4.1.8　关键词的添加删除方法

商家在使用搜索推广时，如果推广计划的点击率、ROI都已经优化到最佳，无法继续上升，则可以考虑在推广计划中适当地增加一些新的优质关键词，或者删除无用的关键词，突破推广计划的"峰值"瓶颈。

当然，不管是添加关键词，还是删除关键词，商家都不能随意操作，需要根据点击率、曝光量和ROI指标进行操作，如图4-19所示。

关键词	状态	推广方案	点击率 ⇅	投入产出比 ⇅	曝光量 ⇅	点击转化率 ⇅
小胸聚拢内衣	推广中	自定义推广	5.16%	1.57	110,519	1.07%
网红美背	推广中	自定义推广	4.37%	7.01	15,379	3.13%
美背文胸	推广中	自定义推广	4.64%	1.49	12,443	0.87%
美背	推广中	自定义推广	8.45%	3.04	10,958	1.62%
内衣女	推广中	自定义推广	3.02%	0.80	5,953	0.56%
内衣女 胸小	推广中	自定义推广	1.82%	0.00	3,181	0.00%
卡卡同款美背	推广中	自定义推广	21.68%	1,385.94	1,402	4.28%
网红背心	推广中	自定义推广	4.88%	3.11	1,147	1.79%
胸罩女 性感美	推广中	自定义推广	3.54%	0.00	1,074	0.00%
裹胸内衣	推广中	自定义推广	2.81%	0.00	926	0.00%
本页合计	-	-	5.24%	24.52	162,982	1.37%

图4-19　根据点击率、曝光量和ROI指标来进行加词或删词操作

① 根据点击率加词或删词。当关键词能够获得一定的曝光量，但点击率却非常低，或者没有达到推广计划的平均水平，此时可以考虑删除或替换该关键词。

② 根据曝光量加词或删词。针对推广计划中有曝光量但没有点击量的关键词，商家可以观察一段时间（两天左右），如果情况仍然没有改善，则可以将其删除，选择新的关键词。

③ 根据ROI加词或删词。当关键词的曝光量和点击率都正常，但点击转化率却极低甚至为零，导致投入产出比数据不好的时候，可以先观察两三天，如果没有改善则可以删除或替换该关键词。

4.1.9　不同阶段的关键词出价

在创建搜索推广计划时，添加完关键词后，商家可以给每个关键词分别出价。当买家在搜索相应的关键词时，商家推广的产品会根据产品的出价和质量得分等因素在系统内部进行排序，并依次展现给消费者。如果买家点击了，会进入对应的产品详情页中，同时系统也将根据扣费公式进行扣费，完成一次广告投放。

商家可以在推广计划列表页单击相应的推广计划名称，进入到单元列表，单击推广单元名称进入到单元详情，在"关键词"选项卡的"出价"一栏中进

行改价操作，如图4-20所示。

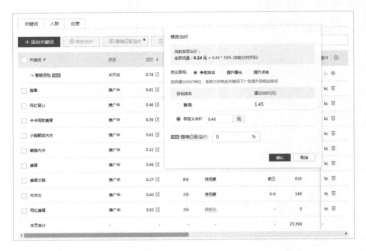

图4-20　调整出价

另外，在"关键词诊断"一栏中，商家可以查看待优化的关键词信息，可以单击"一键采纳"按钮，快速采用系统提供的优质词建议出价设置方案，如图4-21所示。

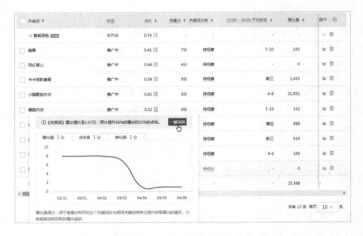

图4-21　一键优化出价

关键词的出价主要受到质量分的影响，质量分越高，推广费用就越低，同时展示排名也越高。在使用搜索推广时，商家可以逐步提高出价，直到推广商品产生曝光，这样做的好处是成本低，缺点则是比较浪费时间。

另外，商家还可以利用分时折扣出价功能，设置系统不同时间自动调整出价，让流量高峰期和低谷期的出价更加精准。

4.1.10 关键词匹配和权重优化

商家可以先将产品的所有功能都罗列出来，找出市场大词，然后依次组合核心词和属性词，形成多个二级关键词。如果产品的核心词比较多，可以依次进场组合。

拼多多关键词匹配的4大逻辑如图4-22所示。商家在设置标题关键词时，要注意采用"热词优先"的基本原则，即根据后台的数据，先布局热搜词和热搜词的下拉词来做标题。商家在做标题时还需要注意设置合理的词序。

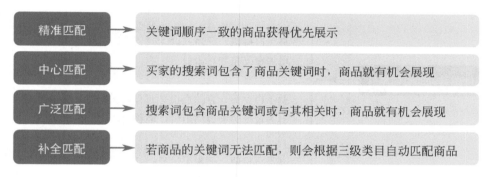

图 4-22 关键词匹配的4大逻辑

买家在拼多多搜索某个商品关键词，在众多的商品中系统有一个搜索排名规则，搜索排名越靠前，在展现页面的位置也会相应靠前。其中，这个搜索排名就是靠关键词权重来衡量的。自然搜索流量可以为店铺带来最精准的访客，转化和销量自然也会更好。优化关键词权重的要点如图4-23所示。

图 4-23 关键词权重的优化要点

4.1.11 关键词选词的3大禁忌

在选择关键词的时候，还存在一些常见的误区需要避免。

● 误区一：搜索推广中的关键词越多越好。

正确做法：在推广计划的不同执行阶段，选择最优的关键词。

● 误区二：在搜索推广计划中盲目添加毫无意义的关键词。

正确做法：通过搜索推广的数据反馈，来合理添加或删除关键词。

● 误区三：胡乱设置关键词出价。

正确做法：根据关键词的点击率和ROI数据，来合理设置关键词出价，具体方法如图4-24所示。

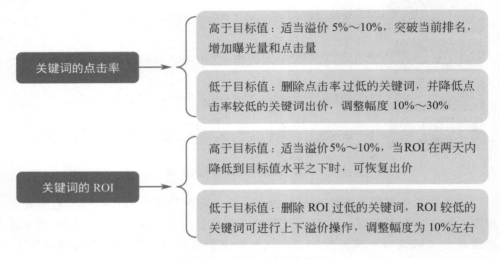

关键词的点击率
- 高于目标值：适当溢价5%～10%，突破当前排名，增加曝光量和点击量
- 低于目标值：删除点击率过低的关键词，并降低点击率较低的关键词出价，调整幅度10%～30%

关键词的ROI
- 高于目标值：适当溢价5%～10%，当ROI在两天内降低到目标值水平之下时，可恢复出价
- 低于目标值：删除ROI过低的关键词，ROI较低的关键词可进行上下溢价操作，调整幅度为10%左右

图4-24 关键词的调价技巧

4.2 智能词包：3步流程，拓展更多关键词

对于很多刚开店的新手商家来说，"智能词包"是一个很好的选词工具，能够帮助投放搜索推广计划的商家自动选出更多优质关键词，从而提升推广商品的点击率、转化率、ROI等数据指标。

4.2.1 了解智能词包的基本作用

开启"智能词包"功能后，系统会在所积累的大量平台运营数据基础上，为推广商品自动匹配和拓展符合其类目属性特点的优质关键词。

"智能词包"中的关键词具有以下优势。

● 实时进行更新，优胜劣汰。

● 与商家的自定义关键词去重，相互补充。

● 能够与自定义关键词搭配投放，提升推广效果。

"智能词包"功能的基本作用如下。

① 获取优质曝光资源。"智能词包"的主要目的是帮助推广商品获取更多优质曝光机会，从而大幅提升点击转化率和ROI。

② 智能实时优化出价。使用"智能词包"功能时，系统会实时监测流量数据情况，并根据流量预估转化率，自动下调或上浮出价（上限不会超过商家所设置出价的两倍），为推广商品带来更多的优质流量。

专家提醒

商家在设置"智能词包"的出价时，不能低于市场平均出价，否则将无法获取曝光。

4.2.2 开启智能词包的操作流程

商家可以进入拼多多管理后台的"推广中心→推广计划→多多搜索"界面，单击"新建计划"按钮新建推广计划，在"推广单元"设置界面的"关键词及人群"选项下方，单击"智能词包"的打开按钮即可开启该功能，同时可以在右侧设置出价。

专家提醒

商家在设置了"智能词包"的关键词出价后，还建议调整自定义关键词的出价，将两者的价格差别控制在30%以内，使推广单元的整体曝光量更加稳定。

另外，商家可以进入已经创建好的搜索计划的推广单元详情页面，在"关键词"选项卡中的"智能词包"列表右侧单击"启动"按钮，如图4-25所示，可开启"智能词包"功能，同时其出价将自动设置为市场平均出价。

图 4-25 单击"启动"按钮

4.2.3 使用智能词包的常见问题

商家在使用"智能词包"功能投放搜索推广时，可能会遇到下面问题。

①"智能词包"为什么没有曝光量？

原因：出价低于市场平均出价。

建议：单击"编辑"按钮 [图] 调整出价，使其等于或高于市场平均出价。

② 有了"智能词包"，自定义的关键词能否删除？

当商家发现"智能词包"的关键词推广效果非常好时，如果觉得自定义关键词多余将其全部删除的话，可能会被系统判定为推广计划下线，从而无法获取曝光。

建议：在使用"智能词包"的同时，及时优化调整原有的自定义关键词，双管齐下，进一步提升推广效果，相关操作建议如下。

● 通过多个推广单元测试"智能词包"，并重点投放推广效果好的计划单元。

● 时刻关注市场平均价，及时调整"智能词包"出价，避免无法获得曝光。

● 选择表现好的自定义关键词进行投放，如核心的大词、长尾词、修饰词等。同时，自定义关键词与"智能词包"的出价要基本持平，避免对曝光产生影响。

● 在投放自定义关键词时，商家需要将"精确匹配溢价"功能全部开启，让流量更加精准。

● 当搜索推广计划的投放效果得到逐步提升时，应同时提升分时折扣的出价。

● 根据搜索推广计划的投放效果，实时对人群定向和溢价比例进行优化调整。

4.3 养关键词：3大技巧，提升质量分

"养词"的主要目的是提高关键词的质量分，降低搜索推广的成本，用较低的价格获得更高的排名。下面为搜索推广的扣费公式：

实际点击扣费＝（下一名出价×下一名质量分）÷自己的质量分＋0.01元

也就是说，商家需要提高关键词的质量分，这是降低点击单价的主要方法，可以删除与商品不匹配、相关度低的关键词，留下有转化的关键词。

4.3.1 关键词质量分的基本作用

拼多多搜索推广排名规则的计算公式如下：

综合排名＝关键词（广告出价）×关键词质量分

质量分越高，综合排名就越高，则流量获取能力越强。也就是说，如果商家想用同样的推广预算获得更多的曝光量，就需要提高质量分。

4.3.2 3个因素轻松提升质量分

质量分是一个综合性的搜索推广指标，可以用来衡量搜索关键词、商品信息及买家搜索意向三者之间的相关性，主要受到关键词相关性、类目相关性和推广商品质量的影响。

（1）关键词相关性

关键词相关性主要体现关键词与商品标题的相符程度。商家可以在推广商

品的标题中使用某个关键词，提高关键词与推广商品的相关性，从而提高关键词质量分。商家一定要明确的是，买自己产品的买家，通常是搜索哪些关键词进来的，这些关键词就是首选的推广关键词。

例如，卖"休闲裤"产品的商家，在投放"休闲九分裤"这个关键词进行推广时，如果发现关键词质量分非常低，此时即可将该关键词加入商品标题中。如果质量分还是没有达到满格，此时需要检查推广单元的创意标题中是否包含该关键词，若没有则还需要将关键词加入创意标题中。

（2）类目相关性

类目相关性主要是指商品的类目与关键词的类目的一致性。商家在上架商品时，千万不要放错类目。

打开商家管理后台，在左侧导航栏中的"商品管理"下方单击"发布新商品"按钮，进入"发布新商品"界面，商家可以在搜索框中输入关键词快速搜索分类，也可以在下方手动设置合适的分类，如图4-26所示。

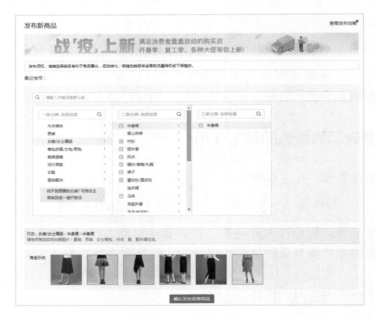

图4-26　设置商品类目

（3）推广商品质量

推广商品质量主要受到点击率、转化率以及销量等因素的影响，系统会根据这些指标的数据反馈来判断关键词与商品的贴合度，从而判定质量分的高低。

① 点击率。商家需要将点击率控制在行业平均水平以上，同时保持推广计划的点击率递增，这样能够让系统判定关键词是非常优质的，从而提高质量分。

② 转化率。商家需要将转化率控制在行业平均水平以上，这样做同样能够让系统提升关键词质量分。

③ 销量。商品销量的高低会影响质量分，销量越高，质量分也会相应提高。

商家可以使用“搜索词分析”这个推广工具，在“相关搜索词推荐”版块查看关键词的相关性、点击率和转化率等的行业平均水平，如图4-27所示。

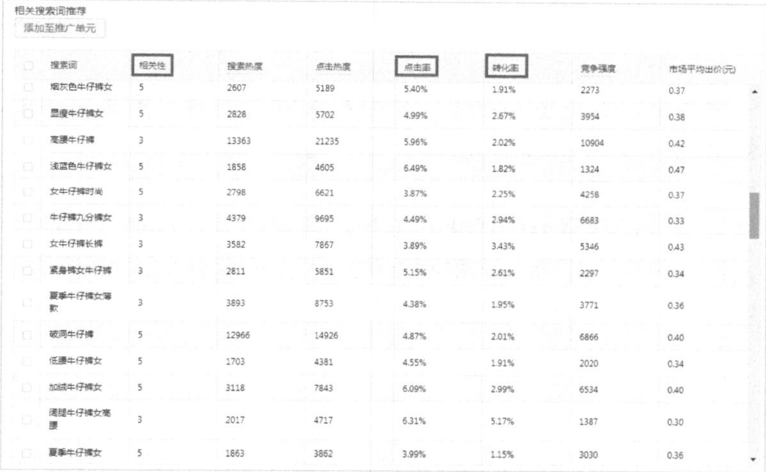
相关搜索词推荐

添加至推广单元

搜索词	相关性	搜索热度	点击热度	点击率	转化率	竞争强度	市场平均出价(元)
烟灰色牛仔裤女	5	2607	5189	5.40%	1.91%	2273	0.37
显瘦牛仔裤女	5	2828	5702	4.99%	2.67%	3954	0.38
高腰牛仔裤	3	13363	21235	5.96%	2.02%	10904	0.42
浅蓝色牛仔裤女	5	1858	4605	6.49%	1.82%	1324	0.47
女牛仔裤时尚	5	2798	6621	3.87%	2.25%	4258	0.37
牛仔裤九分裤女	3	4379	9695	4.49%	2.94%	6683	0.33
女牛仔裤长裤	3	3582	7867	3.89%	3.43%	5346	0.43
紧身裤女牛仔裤	3	2811	5851	5.15%	2.61%	2297	0.34
夏季牛仔裤女薄款	3	3893	8753	4.38%	1.95%	3771	0.36
破洞牛仔裤	5	12966	14926	4.87%	2.01%	6866	0.40
低腰牛仔裤女	5	1703	4381	4.55%	1.91%	2020	0.34
加绒牛仔裤女	5	3118	7843	6.09%	2.99%	6534	0.40
阔腿牛仔裤女高腰	3	2017	4717	6.31%	5.17%	1387	0.30
夏季牛仔裤女	5	1863	3862	3.99%	1.15%	3030	0.36

图4-27 查看关键词的行业平均水平数据

专家提醒

商品的客户服务、物流速度、DSR评分等因素，也会对商品权重产生影响，进而影响关键词质量分。因此，商家还需要提升商品的整体质量。

4.3.3 质量分的提升和维护技巧

通过优化影响关键词质量分的3个要素，可以达到提升基础质量分的效果。同时，在“养词”的过程中，商家主要关注曝光量、点击量和ROI这3个指标，如图4-28所示。

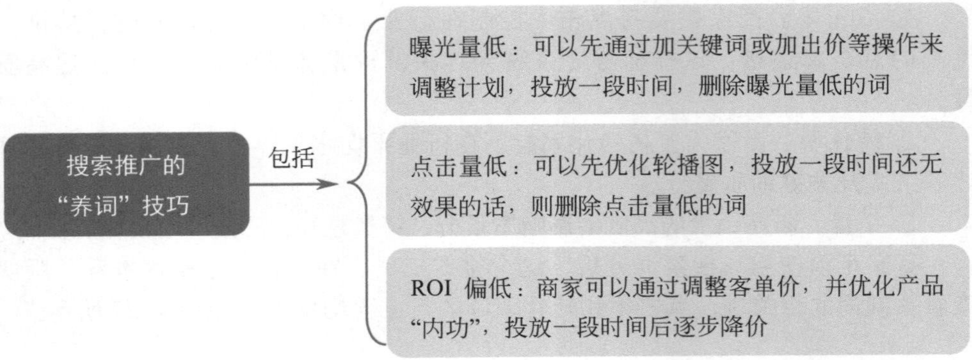

搜索推广的"养词"技巧 ——包括——

曝光量低：可以先通过加关键词或加出价等操作来调整计划，投放一段时间，删除曝光量低的词

点击量低：可以先优化轮播图，投放一段时间还无效果的话，则删除点击量低的词

ROI 偏低：商家可以通过调整客单价，并优化产品"内功"，投放一段时间后逐步降价

图4-28　搜索推广的"养词"技巧

　　需要注意的是，点击量和点击率是维护关键词质量分的重点因素，当这两个指标的数据低于行业均值时，质量分就会随之下降。

　　商家可以每天逐步增加推广预算，来促进点击量的递增，让点击率达到优秀水平，做好关键词质量分的优化和维护。商家还可以从每个关键词中拆分出更多细分人群，将点击率高的人群提高溢价，点击率低的人群不进行溢价，从而最大化地优化推广商品的点击率。

第 **5** 章

人群定向：
精准触达目标人群

商家在使用搜索推广或场景展示推广等付费推广方式时，通过人群定向功能，可以在关键词和资源位的基础上进一步细化流量，从而实现精准营销的广告投放。商家可以通过合理设置定向人群和溢价比例，来提升流量的精准度，从而获得更好的转化效果。

5.1 搜索人群：4个类型，做好人群定向

商家在创建搜索推广计划时，可在设置人群溢价的同时选择人群定向类型，如图5-1所示。

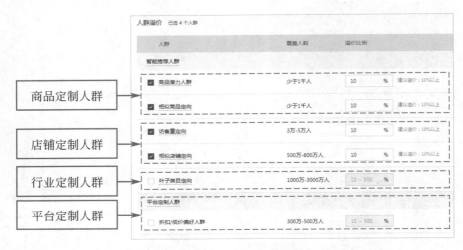

图5-1 "多多搜索"的人群溢价设置界面

当前，"多多搜索"推广提供4大类型的人群定向方式，包括商品定制人群、店铺定制人群、行业定制人群、平台定制人群，其关系如图5-2所示。这4类人群又可以细分为11种人群定向方式，本节将详细介绍。

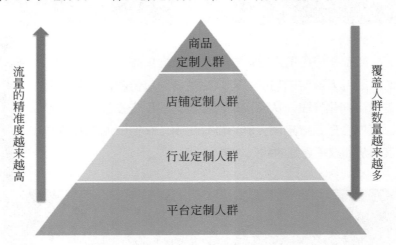

图5-2 "多多搜索"的人群分类关系

5.1.1 类型一：商品定制人群

商品定制人群包括商品潜力和相似商品定向两类人群。

① 商品潜力人群。浏览、收藏或直接购买过商家商品的用户。如图5-3所示，可以看到该推广单元当天的商品潜力人群带来的点击率高达30.43%，投入产出比也达到了14.29，数据非常好，说明商家是完全可以获得盈利的。

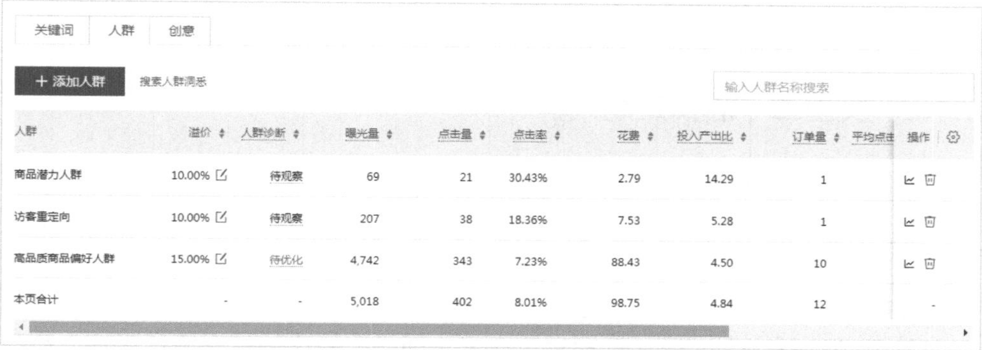

图5-3　查看商品潜力人群的推广数据

② 相似商品定向人群。浏览或购买过与商家商品相似的商品的用户。

针对商品潜力人群，商家可以进入"店铺营销→短信营销→人群管理"界面，查看系统自动统计的潜在客户数，如图5-4所示。

图5-4　查看商品潜在客户数

当商家在搜索推广计划的单元投了关键词后，符合关键词定向的人将会看到商家的广告。例如，推广单元获得了1000次曝光，其中被点击了300次，而点击了广告的用户只有一部分（≤300）属于商家人群定向圈定的人群，故人群定向计费的点击次数≤300，扣费总数也将小于单元总扣费。

5.1.2　类型二：店铺定制人群

店铺定制人群包括访客重定向和相似店铺定向两类人群。

① 访客重定向人群。浏览或购买过商家店内商品的用户。访客重定向的人群精准度比较高，因为每一个重定向的用户都是访问过商品的人，他们对商家的商品都会有兴趣或者有购买欲望。

② 相似店铺定向人群。近期对与商家店铺相似的店铺感兴趣的用户。相似店铺定向的人群比较宽泛，因此，定向推广的精准度并不高。

如果商家的实力比较雄厚，或者店铺的运营数据表现比较好，可以将访客重定向的溢价比例适当提高，来扩展店铺流量。商家可以进入"多多搜索"推广计划的单元详情页面，在"人群"选项卡中的"溢价"一列中，单击"修改溢价"按钮，来调整访客重定向人群的溢价比例，如图5-5所示。

图5-5　调整访客重定向人群的溢价比例

5.1.3　类型三：行业定制人群

行业定制人群主要是指叶子类目定向方式，即近期在推广商品所属的叶子类目有浏览、下单、拼单或收藏等行为的用户。叶子类目是指无法再细分的类目，如"服饰配件－婚纱礼服配件－头纱"里的"头纱"。

商家选择叶子类目定向后，系统会根据商家推广商品所在的叶子类目，来筛选近90天对该叶子类目下的商品产生相关行为的用户，从而最大限度地圈选对其感兴趣的用户。下面介绍叶子类目定向的3种操作方法。

① 在新建推广计划时添加。商家可以在创建搜索推广计划时，设置完基础信息和关键词溢价后，在人群溢价中选中"叶子类目定向"复选框，设置合适的溢价比例。

② 在现有推广商品上添加。在"多多搜索"推广计划中选择相应计划，进入单元详情页面，❶在"人群"选项卡中单击"添加人群"按钮；弹出"添加人群"窗口，❷在"人群"列表中选中"叶子类目定向"复选框，并设置合适的"溢价比例"，即可在现有的推广计划设置基础上新增叶子类目定向人群，如图5-6所示。

图5-6　在已有计划中添加叶子类目定向人群

③ 在已有计划中添加新推广单元。进入推广计划详情页面，单击"新建单元"按钮，在推广单元的设置流程中添加叶子类目定向即可。

5.1.4　类型四：平台定制人群

拼多多的平台定制人群包括以下6类。

① 折扣/低价偏好人群。喜欢购买有折扣或者低价格商品的人群。该人群定向的圈定逻辑为：在分行业类目下，以购买商品的价格进行降序排序，以购买商品数量××%为界限划分价格区间，将用户分为低价区人群和高价区人群，圈选购买了低价区商品数量超过××%的人群。

② 高品质商品偏好人群。喜欢购买高价格商品的人群。该人群定向的圈定逻辑与折扣/低价偏好人群类似，不同之处在于高品质商品偏好人群是以价格进行降序来区分的。

③ 爆品偏好人群。喜欢购买爆款商品的人群。该人群定向的圈定逻辑为：购买过的大部分商品，其历史销量均为大于×万的商品的人群。

④ 新品偏好人群。喜欢购买新款商品的人群。该人群定向的圈定逻辑为：购买了打上新品标签的商品的人群。

⑤ 高消费人群。在拼多多平台上花费了大量金钱购买商品的人群。该人群定向的圈定逻辑为：一段时间内的累计下单金额或者数量，位于拼多多平台top榜××%的人群。

⑥ 平台活跃人群。喜欢分享商品且社交属性较强的人群。该人群定向的圈定逻辑为：分享的商品数量位于拼多多平台TOP榜××%的人群。

5.2　人群定向：2类商家，采用不同策略

在拼多多千人千面的流量下，每个人、每个店铺都带有独一无二的标签，精准的人群标签是提升店铺转化率的关键，商家只有真正懂得人群定向才能洞察一切。本节将全方位讲解新商家和老商家的人群定向技巧，帮助各类型商家有效通过搜索推广的人群定向功能进行精准引流。

5.2.1　新商家：以曝光积累为主

新商家在设置人群定向时，可以分为以下3个阶段进行操作。

① 积累曝光。在初期阶段，商家可以选择相似商品定向、相似店铺定向、叶子类目定向、平台活跃人群定向、新品偏好人群定向等适合新商品的人群定向方式，溢价比例建议设置为10%，快速为商品积累曝光量。

② 优化数据。商家可以统计分析上一阶段的投放人群数据，删除点击率和投入产出比数据低于推广单元整体水平的定向人群，同时逐步增加数据表现较

好的人群溢价比例，每次调整比例为10%，通过观察这两个指标的数据表现情况来选择是否要继续进行优化调整。

③ 提升效果：在推广单元中添加商品潜力人群和访客重定向人群两个新的人群定向方式，让点击率和投入产出比的数据进一步得到提升。然后根据推广商品的基本特点，有选择性地添加没有添加过的其他人群定向（选择方法如下），并适当提高溢价比例，让商品的曝光量和点击率得到持续提升。

- 高消费人群：适合通用计划。
- 高品质商品偏好人群：适合单价较高的商品。
- 爆品偏好人群：适合销量较高的商品。
- 折扣/低价偏好人群：适合单价较低的商品。

需要注意的是，在添加新的人群定向时，出价需比普通用户至少高10%。因此，溢价比例需设置为10% ~ 300%。最后，商家可以重复第二步的"优化数据"的操作，让推广计划的人群定向效果达到最大化。

5.2.2　老商家：以优化ROI为主

老商家在设置人群定向时，也可以分为以下3个阶段进行操作。

① 提升点击率和投产比。商家可以选择商品潜力人群、访客重定向、相似商品定向以及相似店铺定向等CTR/CVR表现较好的人群定向方式，并适当上调溢价比例，快速提升推广商品的点击率和投入产出比。商家可以在推广计划的定向人群列表"操作"栏中，单击"查看报表"按钮，查看某个定向人群的点击率和投产比（投入产出比的简称）趋势对比报表，如图5-7所示。

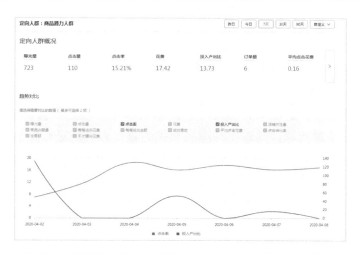

图5-7　查看某个定向人群的点击率和投产比趋势对比报表

CTR（Click Through Rate，点击通过率），即点击广告的实际数量。

CVR（Click Value Rate，转化率）是衡量CPA（Cost Per Action，按成果数计费）广告效果的指标。

② 分析和优化人群数据。这一步的操作方法与新商家的第二步类似，主要是通过对比定向人群和推广单元的整体数据，将点击率和投产比数据表现差的定向人群删除，同时增加表现较好的定向人群的溢价比例。

③ 进一步提升推广效果。商家可以添加叶子类目定向、平台活跃人群、高消费人群等新的人群定向方式，来增加推广商品的曝光量和点击量。然后根据商品特点选择添加其他的人群定向。例如，推广商品为新品，则可以添加新品偏好人群，并进行溢价。

最后，商家可以重复第二步的操作，让推广计划的人群定向效果达到最大化。在调整人群定向的溢价比例时，建议商家创建多个不同的推广计划，来测试定向人群调价的投放效果，找到最佳出价方法。

5.3　场景人群：6个技巧，触达潜在客户

通过场景展示推广的定向人群设置，可以帮助商家更全面地触达平台的潜在客户，圈定更多的店外精准人群，从而快速引爆店铺的销量和热度。

5.3.1　人群类别：多多场景人群定向

在场景展示推广计划中，精准设置人群是非常重要的一步，商家需要重点考虑的是人群质量问题，筛选出与商品相关的重点人群来进行投放。

"多多场景"推广计划的人群定向大致可以分为这几类：访客重定向、商品潜力人群、相似商品定向、叶子类目定向、相似店铺定向、高品质商品偏好人群、大促敏感人群、爱分享人群。

其中，大促敏感人群是指在平台大促活动期间活跃度高以及购买行为比较多的用户。爱分享人群则是指乐于分享商品、社交属性强的用户。总的来说，搜索推广和场景展示推广的人群定向本质上是相同的，其目的都是通过付费推

广来获得更多优质的人群，提升推广效果。

5.3.2 搭配技巧：资源位和人群定向

在场景展示推广中，人群定向是需要和资源位配合使用的。商家需要每天统计定向人群和资源位的运营数据，包括曝光量、点击量、点击率、CPC（Cost Per Click，即每产生一次点击所花费的成本）、转化率和ROI等，如图5-8所示。

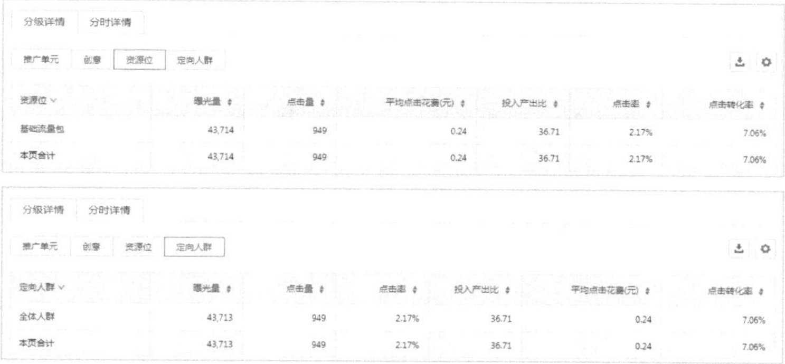

图5-8 查看定向人群和资源位的运营数据

场景推广的不同人群定向方式都有着各自的特点，商家可以根据数据的反馈情况来进行人群定向和资源位溢价的调整，这样点击率就能得到有效提升。总之，商家一定要设置一个能够获得点击的人群和资源位溢价比例，否则没有点击就没有数据，也就无法根据数据表现来调整溢价了。

5.3.3 人群洞悉：获取人群基础画像

商家可以进入拼多多管理后台的"推广中心→推广工具"界面，在"推广工具"版块中选择"人群洞悉"工具。默认进入"搜索人群洞悉"界面，选择相应的推广单元后，可以查看定制人群和用户画像数据，如图5-9所示。

图5-9 "搜索人群洞悉"界面

切换至"场景人群洞悉"窗口，选择相应的推广单元，在"定制人群"选项区可以查看相关定制人群的当前溢价比例、访客指数、点击转化率、投入产出比等数据，如图5-10所示。其中，访客指数是指推广创意在广告位被该类人群看到的次数占所有次数的占比。

图5-10　查看场景推广的"定制人群"数据

在"用户画像"选项区中，商家可以查看用户的性别、年龄等属性的曝光量占比、点击转化率和投入产出比数据，如图5-11所示。

图5-11　查看场景推广的"用户画像"数据

在"查看趋势"一栏中单击相应用户类型的报表按钮，打开"访客趋势"窗口，在"单元名称"列表框中选择相应的定制人群或访客画像，如图5-12所示。

图5-12　选择相应的定制人群或访客画像

执行操作后，即可查看该类型定制人群或访客画像的花费、曝光量、点击率等数据，以及与竞品均值的对比趋势，如图5-13所示。商家可以通过"人群洞悉"推广工具解析定向人群的流量情况，以及查看竞品数据、人群基础画像，从而更加精准地投放推广人群。

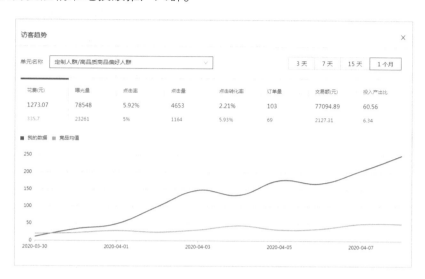

图5-13　查看访客趋势

5.3.4　使用建议：优化场景投放人群

在场景推广的定向人群中，商品潜力人群、高品质商品偏好人群、大促敏感人群和爱分享人群这4类人群，是拼多多新增的优质精选人群，能够满足商家的拉新、引流以及提升转化的需求。

对于商品潜力人群，建议商家在多个推广计划中进行投放，设置人群溢价时可以参考市场平均溢价进行设置，或者高于该比例，使点击率和转化率都超过平均水平。

对于高品质商品偏好人群、大促敏感人群和爱分享人群这3类人群，建议商家根据推广商品的特点进行适当的添加。在设置人群溢价时，可以参考市场平均溢价，然后根据投放的数据反馈来适时调整溢价，找出推广效果好的人群。

5.3.5　核心人群：提升单品的点击率

商家可以分析买家的人群画像，罗列出不同的用户购物行为，如浏览过、购买过或者收藏过商品的用户，从中抓住产品的核心人群，提升单品的点击率。商家在前期可以选择所有人群进行投放，同时将溢价统一设置为10%，然后测试每类人群的点击率数据，找出点击率最高的人群，这就是商家需要重点抓的核心人群。

当商家测试出点击率最高的人群后，可以采用"低出价高溢价"的操作策略来筛选人群，使推广商品能够"卡"到资源位的首条，同时其他人群不溢价或者降低溢价，从而实现曝光质量的最大化。

当然，影响场景展示推广点击率的因素比较多，商家还必须通过多方面进行调整优化，如创意图片、创意标题、时间折扣、资源位、人群和兴趣点等。

专家提醒

在调整推广计划时，商家要抓住每一个细节，做好商品的"内功"优化。前期必须多投放推广，多进行测试，然后根据数据反馈来逐步调整出价和溢价比例，这样点击率就会实现稳步提升，从而达到预期的推广效果。

5.3.6　DMP系统：定向人群管理利器

DMP（Data Management Platform）是一个数据管理平台，能够充分挖掘并分析平台上的人群数据，帮助商家更好地进行人群圈定、人群洞察、人群解析等操作，从而制定出个性化的营销推广方案，有效提升商品的转化率。

拼多多的DMP工具有一定的使用门槛：要求商家近30天的广告总消耗累计达到6000元。对于满足该条件的商家，系统会在1～3个工作日内为其开通DMP功能。开通后，有以下两种方法可以进入DMP营销平台。

● 方法一：商家可以进入拼多多管理后台的"推广中心→推广工具"，在"推广工具"选项区中选择"DMP营销平台"工具，如图5-14所示。

● 方法二：商家可以在创建场景推广计划时，❶在"自定义人群"下的"DMP"选项右侧单击"添加"按钮；❷打开"添加自定义人群"窗口，在其中单击"新建人群"按钮或者"前往DMP"链接，皆可进入"DMP营销平台"，如图5-15所示。

进入"DMP营销平台"主界面后，从标题栏中可以看到4个功能模块，从左至右依次为"数据资产""我的人群""我的报表"以及"新建营销人群"，如图5-16所示。

图5-14 选择"DMP营销平台"工具

图5-15 "DMP营销平台"的多个入口

图5-16 "DMP营销平台"主界面

（1）"数据资产"模块

"数据资产"模块提供了店铺人群画像的基本分析功能，具体功能如下。

① 人群数据。提供了商家店铺各类客户的数据及转换情况，包括潜在客户、访客、老客、超级客户的人群数据、流转详情图表和趋势图，并与同行水平进行对比，便于商家及时调整经营策略。

② 人口属性分析。包括用户的性别、年龄、地域等方面的用户占比、支付金额占比、平均支付客单价、平均购买次数以及TGI指数等数据，便于商家了解用户的分布情况，如图5–17所示。其中，平均支付客单价＝消费者店铺成交金额总和÷消费者成交笔数；平均购买次数＝消费者店铺成交笔数总和÷消费者数量。

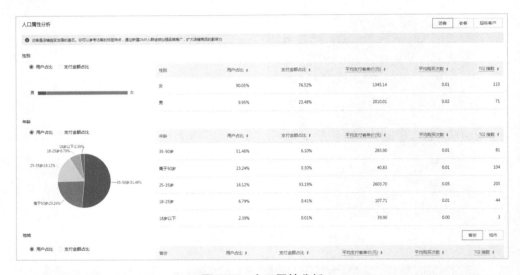

图5-17　人口属性分析

③ 行为分析。包括老客类目偏好和老客热搜关键词分析功能，为商家进行跨类目营销提供了有效指导，同时能够帮助商家找到店铺老客喜欢搜索的关键词，如图5–18所示。

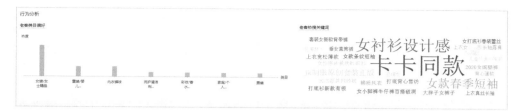

图5-18　行为分析

④ 人群定向投放建议。在人群数据分析结果的基础上，为商家提供人群定向的指导建议，包括平台推荐人群包、购买类目偏好、搜索关键词偏好以及建议关注标签等功能，帮助商家高效快速地完成人群圈定，如图5-19所示。商家可以单击"去创建"按钮，通过用户标签或行为圈选相关人群。

图5-19　人群定向投放建议

（2）"我的人群"模块

商家可以在"我的人群"模块中查看并管理已建立的人群包，包括人群名称、创建类型、更新时间、预估人数、投放渠道管理以及人群透视等相关操作，如图5-20所示。

图5-20　"我的人群"模块

商家可以通过"创建类型"和"状态"等筛选条件，快速查看相关人群包数据。

在"投放渠道管理"一栏中，单击"管理渠道"按钮，弹出"投放渠道选择"对话框，支持查看同步中和已同步的渠道，如图5-21所示。商家可以选择不同的投放渠道，通过同步功能将DMP人群同步到各个推广场景中进行投放。在"操作"一栏中，单击"人群透视"按钮，进入"查看人群透视"界面，在此可以查看用户的性别和年龄分布、平台消费能力分布和地域分布情况，如图5-22所示。

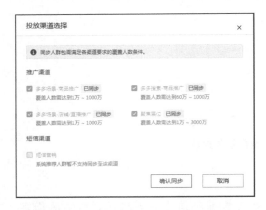

图5-21 "投放渠道选择"对话框 　　　　　图5-22 "查看人群透视"界面

（3）"我的报表"模块

商家可以在"我的报表"模块中查看阶段性人群包的投放效果，如图5-23所示。商家还可以选择日期范围或搜索人群名称，查看相关人群的推广效果数据。单击"报表下载"按钮，可以生成包含曝光、ROI、消耗等关键数据的报表，能够帮助商家更好地进行数据分析，指导推广计划的投放。

图5-23 "我的报表"模块

（4）"新建营销人群"模块

"新建营销人群"模块支持商家设置相应的添加条件，生成个性化的营销人群。目前支持以下3种创建人群的方式，如图5-24所示。

图5-24　新建营销人群的3种方式

① 用户标签或行为。选择"用户标签或行为"选项，进入"通过用户标签或行为新建人群"界面，单击"添加圈定条件"按钮，右侧会打开"圈定条件"窗口，在其中可以选择通过用户的类目行为、搜索行为、消费能力、店铺人群重定向、人口属性、人生阶段、天气信息这7大标签，定制适合店铺经营情况的人群，如图5-25所示。

图5-25　"通过用户标签或行为新建人群"界面

选择相应的圈定条件后，系统会自动计算出预估覆盖人群，如图5-26所

图5-26　添加圈定条件

示。商家可以单击"排除人群"按钮，添加相应的排除条件，排除相应特征的人群，不进行投放。圈定好人群后，设置相应的人群名称和人群描述，单击"保存人群"按钮，即可通过用户标签或行为新建营销人群。

② 店铺或商品偏好。选择"店铺或商品偏好"选项，进入"通过店铺或商品偏好新建人群"界面，商家可以在"搜索店铺/商品"列表框中搜索多个目标店铺或商品，添加到相应的定向人群，如图5-27所示。

图 5-27　通过店铺或商品偏好新建人群

另外，商家如果觉得预估覆盖人群数不够多，还可以单击"扩展人群"按钮，在弹出的"预计客户数"对话框中设置合适的扩展倍数，来增加覆盖人群的数量，如图5-28所示。

图 5-28　扩展人群

③ ID上传。选择"ID上传"选项，进入"通过ID上传新建人群"界面，商家可以单击"点击上传"按钮，上传.xlsx格式的手机号文件，来精准圈定目标人群，如图5-29所示。注意，单次上传的.xlsx文件大小不能超过128MB。

图5-29 "通过ID上传新建人群"界面

专家提醒

例如，当商家需要激活店铺老客时，可以采用"用户标签或行为-店铺人群重定向＋ID上传"的组合方式，圈选出店铺的消费者客群。

第**6**章

创意优化：
提升广告投放效果

在使用搜索推广或场景展示推广等广告投放方式时，首先需要考虑的是"创意"该如何去优化，包括创意图片和创意标题两个部分。尤其是高质量的创意图，能够有效提升推广单元的点击率和转化率，进而提升广告投放的整体效果。

6.1 创意图片：3大工具，轻松设计创意

在拼多多管理后台，商家可以使用自定义上传创意图功能上传制作好的创意图，也可以使用素材库工具和神笔马良制图工具制作精彩的创意图效果。

6.1.1 自定义上传创意图功能

商家在设置搜索推广计划的创意时，在"修改智能创意"窗口中，可以单击自定义图片下方的"从本地上传"按钮，如图6-1所示。

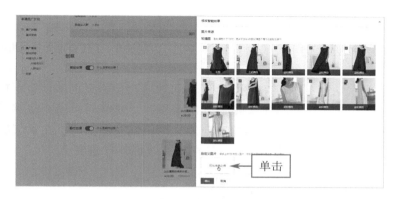

图6-1　单击"从本地上传"按钮

执行操作后，弹出"本地上传"对话框，单击"下一步"按钮，如图6-2所示。弹出"打开"对话框，在电脑中选择相应的创意图，如图6-3所示。

单击"打开"按钮，弹出"裁剪"对话框，裁剪图片调整创意图的显示比例，如图6-4所示。单击"确认"按钮，即可上传自定义的创意图，如图6-5所示。

图6-2　单击"下一步"按钮

图6-3　选择相应的创意图

图6-4 裁剪图片

图6-5 上传自定义的创意图

　　智能创意默认有10张轮播图，但商家可以通过自定义上传创意图功能再添加5张创意图，从而让智能创意增加到15张图片。这样可以给系统提供更多选择，找出更适合买家的图片。商家在自定义上传创意图片时，在保证数量的同时，还需要注重图片的质量，只有这样才能有效提升点击率。

6.1.2 使用素材库工具制作创意

　　"素材库"是一个一站式创意管理推广工具，能够帮助商家轻松查看与上传创意，助力提升广告投放效果。商家可以进入拼多多管理后台的"推广中心→推广工具"界面，在"推广工具"版块中选择"素材库"工具，即可进入其界面，如图6-6所示。

图6-6 "素材库"工具界面

商家可以在"类型"菜单中选择明星店铺、聚焦展位或者多多搜索等推广资源渠道,单击"快速制作素材"或者"本地上传"按钮,制作或上传创意图片。例如,单击"本地上传"按钮,弹出"本地上传"对话框,选择合适的图片尺寸,如图6-7所示。单击"下一步"按钮,弹出"打开"对话框,选择相应图片,单击"打开"按钮,裁剪图片并确认,即可将图片上传到素材库中,如图6-8所示。

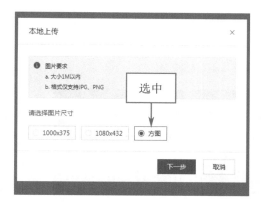

图6-7　选择合适的图片尺寸

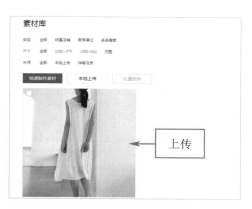

图6-8　将图片上传到素材库中

6.1.3　神笔马良－banner制图工具

商家可以进入拼多多管理后台的"推广中心→推广工具"界面,在"推广工具"版块中选择"神笔马良"工具,进入其界面,如图6-9所示。"神笔马良"包括首页焦点图、商品主图等应用场景,以及主图竞争力分析、主图牛皮癣检测、主图新颖度检测等小工具。

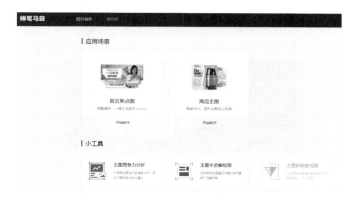

图6-9　"神笔马良"工具界面

（1）首页焦点图

选择"首页焦点图"模式，单击"开始制作"按钮（将鼠标移到模式缩略图上方即可看到）进入其界面，提供"拼图模式"和"一键模式"两种制图模式。

① 拼图模式。"拼图模式"提供了海量模板，商家可以根据行业、色调、风格来选择自己喜欢的模板，如图6-10所示。

图6-10　拼图模式

选择相应模板后，单击"在线编辑"按钮（将鼠标移到模板缩略图上方即可看到该按钮），进入图片编辑界面，商家可以对文字和图片进行替换，如图6-11所示。在图片编辑窗口中，双击文案即可编辑文字内容，右键单击图片可以保存或者复制图片。单击"添加图层"按钮，还可以添加新的文案内容或商品素材图片。

图6-11　拼图模式编辑界面

② 一键模式。切换至"一键模式"选项卡，单击"选择"按钮，可以在打

开的"选择商品图片"窗口中选择相应商品,然后在右侧选择商品图片,也可以单击"本地上传"按钮上传自定义商品图片,如图6-12所示。

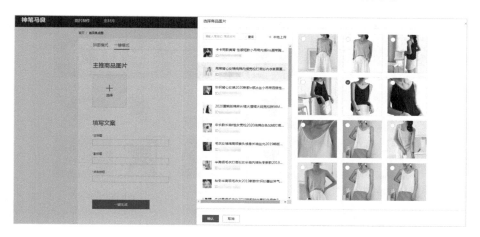

图6-12 选择商品图片

单击"确认"按钮,即可添加主推商品图片。在图片下方,商家可以单击"抠图"按钮进行一键抠图操作,也可以单击"重新选择"按钮重新选择图片。经过抠图处理后,单击"编辑抠图"按钮,可以使用还原笔工具或橡皮擦工具对图片进行精细化的调整,得到更好的抠图效果,如图6-13所示。

图6-13 抠图处理

单击"确定"按钮保存图片,然后填写主标题、副标题和点击按钮的文案内容,单击"一键生成"按钮,即可自动生成多种风格样式的商品海报图片,如图6-14所示。

图6-14 自动生成商品海报图片

 专家提醒

文本内容要清晰、易识别，建议直接使用模板文字样式进行设置。

如果商家对当前页面中的海报效果不太满意，还可以单击"生成更多"按钮，继续生成新的商品海报。商家可以同时选择多张满意的海报图片，单击"保存到素材库"按钮，可将其存储到素材库中，如图6-15所示。

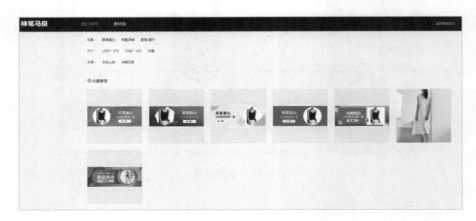

图6-15 保存图片到素材库

（2）商品主图

选择"商品主图"模式，单击"开始制作"按钮（将鼠标移到模式缩略图上方即可看到该按钮），进入"主图制作"界面，单击"选择图片"下方的"选择"按钮，如图6-16所示。

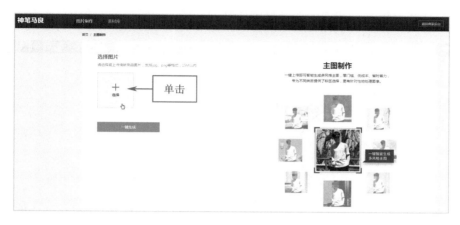

图6-16　单击"选择"按钮

选择合适的商品图片后，单击"一键生成"按钮，即可快速生成主图，同时商家还可以在此处编辑主图内容，如图6-17所示。在左侧的"生成结果"列表框中，可以选择合适的商品主图背景效果。在下方的"标签"列表框中，可以选择主图标签，添加标签后可以在图片编辑窗口中拖动标签，调整其位置。在右侧的"文本"编辑区中，可以设置文本的内容、字体、颜色等选项。

图6-17　编辑主图内容

需要注意的是，涉及季节、活动（包含不仅限于"双十一""618"大促等）、优惠信息的文字内容，需要明确写上对应有效期。

（3）分析小工具

主图竞争力分析工具可以自动定位商品主图中存在的问题，并给出优化建议，帮助商家提升主图竞争力，如图6-18所示。

图6-18　使用主图竞争力分析工具

商家可以单击"下一步，立即优化"按钮，系统会自动对主图进行优化处理，同时生成一批候选图片，如图6-19所示。建议商家选择合适的图片保存备用，推广时优质创意图片越多，推广效果会更好。

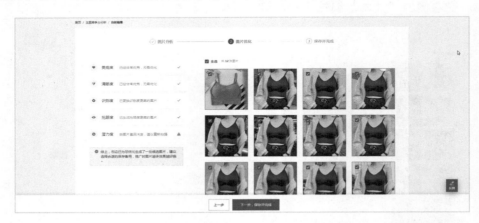

图6-19　优化主图生成候选图片

使用主图牛皮癣检测工具，可以检测图片中的文案是否过多，防止因文案过多而影响点击率或自然流量的获取，如图6-20所示。另外，使用主图新颖度检测工具可以快速检测商品主图是否能够在同行业中脱颖而出，抓住用户眼球。

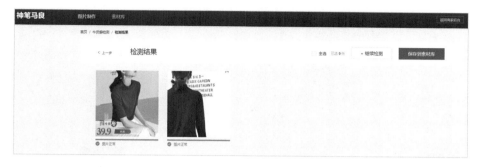

图6-20　使用主图牛皮癣检测工具

增加点击：5个技巧，提升商品点击率

首先来看一个公式"花费＝展现量×点击率×点击扣费"。从这个公式中可以看到，在花费和展现量保持固定的基础上，当点击率得到提升时，点击扣费（即PPC）就会相应降低，也就是说商家的推广成本会降低。

要提升点击率，做好主图和标题的创意与优化是关键所在。好的创意效果会对商品的点击量产生直接影响，从而让店铺的流量与销售额得到大幅提升。

6.2.1　行业标准：看清优秀点击率

商家首先要明白优秀点击率的标准是什么，自己的点击率到底是什么水平，这样才能够知道自己的推广计划是否有优化空间。根据点击率的计算公式"点击率＝点击量÷曝光量"可以看出，在曝光量有限的情况下，商家可以通过获得更多有效点击量来提升点击率。

商家可以借助行业的点击率标准来判断自己的关键词点击率是否足够优秀，使点击率高于行业水平是商家的优化目标。通常情况下，需要高于行业平均点击率150％左右，才能算得上是优秀的点击率。

商家可以借助搜索词分析工具搜索相应的商品关键词，然后在"搜索词趋势图"中选择查看"点击率"指标的数据，即可看到该关键词每天的行业平均点击率数据，如图6-21所示。

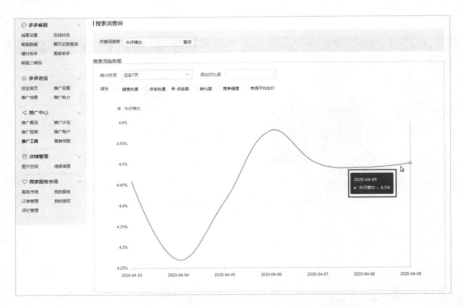

图6-21　查看关键词的行业平均点击率数据

例如，"牛仔裤女"这个关键词在2020年4月9日当天的行业平均点击率为4.5%，则商家的推广关键词点击率需要达到（4.5%×150%=6.75%）才能算优秀。建议商家统计7天的数据进行计算，这样得到的点击率数据会更加精准。

6.2.2　产品人群：分析受众的特征

商家需要找出产品的精准受众人群，也就是，哪些人看到我们的产品会去点击和购买。例如，商家的主营产品是连衣裙，则受众人群是女生，而不是男生。

接下来，商家就可以围绕女生的购物习惯、消费行为和兴趣爱好等因素，包装产品的创意图和标题文案，吸引这一人群点击。商家可以利用DMP的人群透视工具找出产品受众人群的分布情况，来辅助进行用户定位，如图6-22所示。

图 6-22　人群透视工具的用户性别年龄分布功能

6.2.3　点击优化：提升图片吸引力

电商卖货的本质是先"卖图片"，当用户在拼多多上面选择商品时，首先看到的就是商品主图或者创意图片。只要图片能够让他们产生好的印象，就能够获得好的点击率。下面介绍一些主图创意的优化技巧。

① 版式设计。主图或创意图片的整体版面要饱满、一目了然，商品图片的大小和位置要合适，不要有太多的空白。商家可以从多个角度来展示商品，让用户更全面地了解商品。

② 颜色设计。商品的颜色要醒目，要有视觉冲击力，和背景的颜色对比要明显。不要在图片中添加太多的颜色，否则会显得喧宾夺主，影响商品的表达。如图 6-23 所示，黑色的商品与白色的背景层次非常分明，能够更好地突出商品。

③ 符合实际。图片中的商品不能过度设计，要符合真实情况，切忌盗图和照本宣科。

④ 提炼卖点。商家在设计主图时，可以将产品卖点放进去，这样能够更好地吸引有需求的用户点击和购买，如图 6-24 所示。

图 6-23　正确的主图颜色设计示例

图 6-24　提炼卖点的主图设计示例

6.2.4 测试图片：提升主图点击率

当商家做好了商品权重和排名后，商品的展现量已经无法再进行提升。达到"天花板"之后，点击率就成了商家获取访客人数的核心因素，是撬动店铺流量飙升的关键节点。

要提升点击率，主图和创意是关键所在。商家可以通过独特的图片风格和创意造型，让商品在资源位中脱颖而出。下面介绍测试图片点击率的基本方法，帮助商家快速找出好的创意图片和主图。

① 设计主图。根据商家的产品优势和行业爆款主图的特点，设计4张自己觉得点击率高的主图。

② 测试主图。将做好的主图放到商品轮播图的第2、3、4、5这4个位置上，进行首轮测试，如图6-25所示。

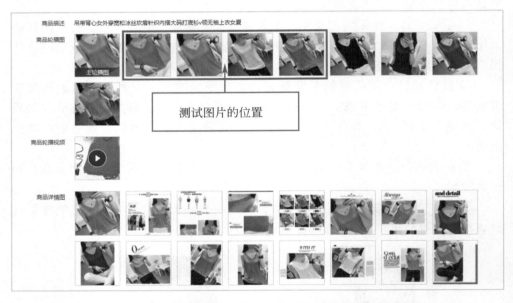

图6-25 将要测试的主图添加到商品轮播图的相应位置上

③ 对比数据。注意，当天的整个计划点击量数据需要达到300个以上，这样的点击量数据才有测试的意义。然后对比行业二级词的点击率水平，若点击率达标即可停止测试，若点击率不达标则继续测试。

④ 确定主图。测试完成后，将点击率最多的图片放到商品轮播图的首位，从而让自然搜索和付费推广的点击率都能得到提升。

6.2.5　测关键词：保留高点击的词

测试关键词点击率的方法如下。

① 测试二级词。商家可以将所有与产品相关的物理关键词（二级词）都罗列出来，将搜索热度偏低的关键词排除掉。接下来测试每个关键词的点击率，保留高点击率的关键词。

② 测试长尾词。根据同样的操作方法，继续测试二级词的长尾词，并保留高点击率的关键词。找出点击率高的关键词后，商家即可将这个关键词作为核心卖点进行产品的人群定位。

6.3　创意优化：8大技巧，提升创意质量

当商家的商品权重很高，排名非常靠前，关键词展现资源也非常多的时候，点击率却上不来，此时，可能是主图创意出了问题。本节主要介绍主图创意的优化技巧，帮助商家提升创意质量，带来更多点击和转化。

6.3.1　合理构图：引起用户的注意

视觉构图的应用范围很广，但其目的只有一个，就是打造一个协调好看的画面，引起人们的注意。在设计推广商品的主图创意时，也是同样的目的，下面介绍一些合理构图的原则。

① 画质清晰，主体突出。在创意图片中，产品的主体部分必须清晰，同时占比一定要高，要能够让用户一眼便看出你卖的是什么。如图6-26所示，这张创意图片采用中央垂直线构图，主体非常突出，能够给用户带来最直观的视觉感受。

② 差异表达，不拘一格。商家可以寻找产品的差异化卖点，从构图、色彩、角度3个方面进行差异化设计，提高创意主图的点击率。如图6-27所示，这张创意图片采用了对比构图的方式，包括大小对比、远近对比、局部和整体对比、前后对比，通过多种形式的对比突出商品的差异化特色。

图 6-26　主体突出的图片示例　　　　图 6-27　差异表达的图片示例

好的商品主图构图方式能够让创意更加出彩，也能让推广效果事半功倍。比较常用的创意构图方式有左右构图、上下构图、对角构图、中心构图等。如图 6-28 所示，对于服装的摆拍图来说，中心构图就是一种不错的构图方式，可以在商品四边做留白处理，让画面看上去更加简洁明了，使买家的注意力快速聚焦在商品上。

图 6-28　中心构图示例

6.3.2　一秒法则：创意的设计思路

"一秒法则"是指在一秒钟之内，将创意主图中的营销信息有效传达给买家，也就是让买家通过图片"秒懂"商品的意思。

如图 6-29 所示，这张商品主图中的信息非常多，包括商品图片、商品品牌、商品名称、广告语、产品卖点以及应用场景等内容,买家显然无法在一秒钟之内就看明白。这样的话,很难让买家快速看出该商品与同类型产品相比有哪些差异化优势,也无法精准对接买家的真实需求,自然也很难得到用户的点击。

如图6-30所示,主图放的是一个场景应用图,文案只有一句话,能够让买家快速了解产品的功能和使用场景。如果刚好能够满足买家的需求,那么很容易引起买家点击查看商品详情。

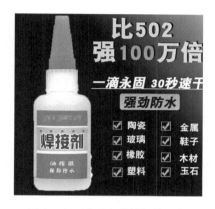

图6-29 过于杂乱的图片示例

图6-30 简单明了的图片示例

大部分买家在逛拼多多时,浏览速度都是比较快的,可能短短几秒钟会看几十个同类型产品,通常不会太过注意图片中的内容。因此,商家一定要在主图上放置能够引起买家购买兴趣的有效信息,而不能让信息成为买家浏览的负担。

主图对于商品销售来说非常重要,那些内容不全面、抓不到重点的主图引流效果可想而知,是很难吸引买家关注的。因此,商家在设计商品创意主图内容时,一定要突出重点信息,将产品的核心卖点充分展现出来,并加以修饰和润色。同时,那些无关紧要的内容一定要及时删除,不要影响创意主图的表达。

6.3.3 抓住痛点:直击买家的需求

创意图片并不是要设计得很美观大气,而是要能够充分体现商品的核心卖点,从而解决买家的痛点,这样买家才有可能为你的商品驻足。例如,商家卖的产品是收纳箱,收纳箱通常是用来装东西,商家可在主图上体现出该产品"容量大"的特色,如图6-31所示。

很多时候，并不是商家提炼的卖点不够好，而是商家认为的卖点并不是买家的痛点所在，不能解决买家的需求，所以对买家来说自然没有吸引力。当然，前提是商家要做好产品的用户定位，明确用户是追求特价，还是追求品质，或者是追求功能多，以此来指导创意的优化设计。

例如，买家想买一个材质安全性比较高的保温盒，而商家在主图上突出的信息是产品功能性的内容，这样就无法吸引买家点击，如图6-32所示。

图6-31　收纳箱图片示例

图6-32　保温盒图片示例

一定要记住，买家的痛点才是你的创意主图卖点。图片上展示的信息如果与买家的实际需求相符，能够表达出你的商品是买家寻找的东西，那么点击率自然就会高。

专家提醒

创意主图一定要紧抓买家需求，切忌一味追求"高大上"，并写一些毫无价值的内容，商家必须要知道自己的目标人群想看什么。如果你的目标人群定位是中低端用户，他们要的就是性价比高的商品；如果你的目标人群定位是中高端用户，他们要的就是品质与消费体验。

6.3.4　主图文案：高点击文案公式

在设计创意图片或主图的文案内容时，文案的重要性决定你的图片是否足够有给买家点击的理由。切忌把所有卖点都罗列在创意主图之上，记住你的唯一的目标是让买家直接点击。

下面给大家总结下写好一个主图文案要注意的几点。

- 你要写给谁看——用户定位。
- 他的需求是什么——用户痛点。
- 他的顾虑是什么——打破疑虑。
- 你想让他看什么——展示卖点。
- 你想让他做什么——吸引点击。

商家不仅要紧抓用户需求，而且要用一个精炼的文案表达公式来提升点击率，切忌絮絮叨叨，罗列堆砌相关卖点。

6.3.5　创意规范：通过系统的审核

如果商家发布的广告创意图审核总是通不过，可能是违反了平台的相关规则。下面列举了一些比较常见的创意规范。

① 绝对化用语。图片中不能出现《中华人民共和国广告法》禁用的绝对化用语，如"国家级""最高级""最佳"等。

② 表述模糊信息。创意图内容中的信息要说明清楚，不能出现表述模糊的信息，如"豪礼相送""赠送大礼包"等。商家具体送什么，一定要在图片中写明，这样买家才能知道自己买了产品能获得什么礼品，如图6-33所示。

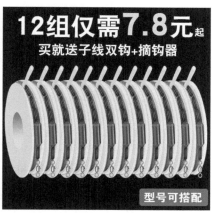

图 6-33　创意图中的话要说明白，买家才能留下来

③ 过度承诺话术。在创意图中，不能做出过度承诺，如"假一赔十""不甜包赔"等，也不能出现与事实不符的夸大信息，需要真诚对话。

另外，图片中不能出现"终于降价了""即将卖完"等诱导点击的内容。商家还要注意创意图的美观度，需要有一定的观赏性，切不可随意拉伸、变形。

6.3.6 长图创意：更吸引买家眼球

在搜索推广计划中，商家可以添加长图创意，通过这种大图模式让商品的创意图更加吸睛。同时，长图能够带来沉浸式的观看体验，让商品更容易获得买家的喜爱，从而提高商品点击率。下面介绍添加长图创意的具体操作方法。

① 商家可以进入拼多多管理后台的"商品管理→商品素材"界面，在"素材列表"中的"长图"一栏中，单击"上传图片"按钮，如图6-34所示。需要注意的是，目前仅女装、男装、内衣裤袜和运动户外等类目支持上传长图。

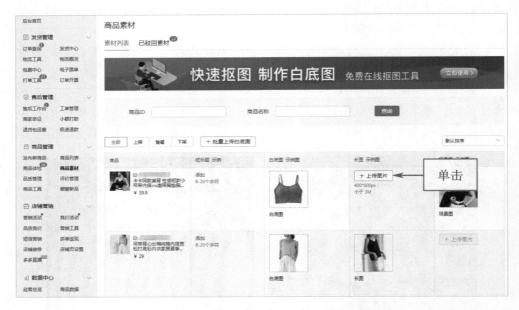

图6-34 单击"上传图片"按钮

② 执行操作后，弹出"长图要求示例图"对话框，显示案例图片和基本要求，仔细查看后，单击"我知道了"按钮，如图6-35所示。

③ 弹出"图片空间"对话框，商家可以单击"本地上传"按钮上传新的图片，也可以在下面的列表框中选择上传过的图片，如图6-36所示。

④ 选择相应图片后，弹出"裁图"对话框，根据需要对图片进行适当裁剪，单击"确认"按钮，如图6-37所示。

图 6-35　单击"我知道了"按钮

图 6-36　选择图片

图 6-37　裁剪图片

⑤ 系统会自动上传裁剪后的图片，选择该图片，单击"确定"按钮，即可进入审核阶段，审核时效和其他创意一样，会在48小时内完成，如图6-38所示。

图 6-38　上传并审核图片

⑥ 审核通过后，商家可以在创建搜索推广计划时，添加该商品作为推广商品，也可以在现有的推广单元中，单击"添加创意"按钮，选择"长图"创意，如图6-39所示。

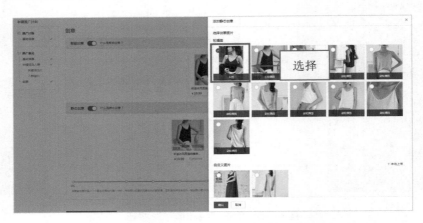

图6-39 选择"长图"创意

上传长图创意后，即可在搜索页、店铺页等场景中露出，有可能获得更多用户流量，如图6-40所示。

图6-40 搜索页、店铺页场景中的长图展示效果

6.3.7　标品的创意：提炼核心卖点

如果商家的主营产品是手机、空调、电视机或者冰箱等功能性产品，这些都属于标品。买家在购买这种标品类商品时，对于产品的品牌和性能通常都有一定的要求。因此，商家可以在主图或创意图中提炼产品的核心卖点，并展现品牌的正品和保障，可吸引买家的注意，如图6-41所示。

图6-41　标品的创意主图设计示例

6.3.8　非标品创意：突出使用效果

如果商家的主营产品是箱包、服装或者鞋子等非标品类产品，买家在购买这些商品时，首先想到的就是"要好看"。因此，商家在设计非标品类产品的主图或创意图片时，必须先满足买家的这种消费心理，通过图片信息来突出产品的使用效果，如图6-42所示。

图6-42　非标品的创意主图设计示例

商家可以进入拼多多管理后台的"店铺管理→图片空间"界面，在此可以上传图片或管理所有的店铺图片，如图6-43所示。同时，商家还可以在图片空间中创建素材分组，对不同分组分别进行命名处理，以便更好地对图片进行管理。

图6-43 "图片空间"界面

第 **7** 章

测图测款：
快速测出潜在爆款

商家在做付费推广时，推广的基础是商家选择的产品款式。而推广成果的关键在于数据，点击量的关键在于主图。测款就是为了获得更好的推广效果，从而降低付费推广的风险，同时快速找到店铺主推产品。

要想在电商平台上获取更多流量，商家就必须花钱做推广，但钱花出去容易，要获得推广效果却不是那么简单的事。相比每天看着投出去的钱一点点消耗掉，商家更关心的是能不能回本。

测图测款的目的就是让商家找出能够快速回本且盈利的那款商品或创意图，是帮助商家降低投资风险、提升推广效果的必要操作。

7.1.1　概念：测图测款是什么意思？

测图测款是指通过活动运营、付费推广或者其他营销方式，积累大量的商品运营数据，如点击率、收藏加购率、转化率等，来进行多方面的数据分析，同时对比行业均值数据，预测商品是否有成为爆款的可能性。

因此，测图测款有一个必要前提就是商品能够有较大的流量，这也是付费推广成为测图测款最主要方式的原因所在。

一个商品如果不进行测款就直接上架，或者商品主图不进行测图就直接投放推广，一旦商家的产品比较多，后期的运营就很难找到重心，能否成功就真的只能靠运气了。

通过测图测款，除了可以找出潜在的爆款产品外，还能找出次爆款。这样当一个爆款即将进入衰退期之前，商家就可以将次爆款升级为爆款，打造出生命力更强的"爆款生态圈"。

7.1.2　目的1：区分店铺产品运营款式

测款的首要目的就是选出优秀款和准爆款。首先商家必须对店铺内的各种商品款式有一定的认知，这样才能更好地进行区分。

① 普通款。没有市场潜力的款式，也就是说这种商品对大众没有吸引力。

② 优秀款。有一定的市场潜力，能够被大众普遍接受的款式。同时，优秀款也有可能通过运营推广成为爆款产品。

③ 准爆款。市场潜力巨大，受到大量人群喜爱的款式。

要区分这些款式，商家可以从点击率、转化率和收藏率这3个数据指标来进行判断。注意，测款时要尽量加长测试的时间周期，以获取更多的数据，提高测款的准确性。

① 优秀款。商品的3个指标总数据与行业均值持平。

② 准爆款。商品的3个指标总数据都高于行业均值。

在产品的运营阶段，商家需要学会区分各种产品款式。

① 引流款。这种类型的产品的主要特点是利润较低、转化率较高，可以快速积累基础销量，从而提升产品排名权重，给店铺带来大量的流量。

② 主推款。能够利用引流款带来的流量促进转化的款，主要特点是利润偏高，但转化率通常略低于引流款。

③ 利润款。能够利用引流款和主推款带来的流量促进转化的款，其风格属性比较强，主要特点是利润较高、转化率较低。

7.1.3 目的2：找到万里挑一的好产品

测图测款的主要目的是对要投入成本进行推广的产品的主图和款式进行测试，找出最值得推广的产品进行集中推广，将其打造为爆款。

商家在选择主推款时，不能只凭自己的直觉来选择，因为直觉不一定是对的，一旦选错，就要走很多弯路。如果让买家来选择款式的话，结果就不同了。因为所有的产品，最终都是由买家买单的，他们对产品的销量起到了决定性作用。因此，商家可以用测款来选款，通过给买家提供多个产品款式，将选择权交给买家，让他们来帮商家决定哪款产品可以作为爆款。

7.2 具体操作：6大流程，完成测图测款

测款不仅可以帮助商家优化库存，还可以让制定爆款变得更加方便。本节将介绍测图测款的常用操作流程，让商家知道如何对商品进行优化，给商品带来更多流量。

7.2.1 确定款式：数据选款打造差异化

拼多多平台的流量红利非常大，但是这些流量需要商家自己来争取，其中

最重要的一步就是选款，这是在拼多多上获取流量打造爆款的关键环节。笔者认为，拼多多选款必须把握两个重点原则：寻找时下的流行产品属性，打造差异化的产品。

（1）**数据选款：寻找时下的流行产品属性**

在互联网时代，流行等于流量，因此，运营好店铺就需要商家有强大的洞察力，能够跟上市场的流行步伐。如何做到这一点，有经验的老手可以根据自己所在行业的热点事件来预判市场变化，新手商家则可以借助数据分析工具来发现流行属性。

例如，商家可以打开拼多多管理后台，进入"数据中心→流量数据→商品热搜词"界面，查看商品热搜词。这是系统根据搜索人气拟合出的指数类指标，搜索人气越高，表示搜索人数越多，相关商品越受欢迎，如图7-1所示。

图7-1　查看商品热搜词

（2）**寻找差异化：打造个性化的卖点优势**

随着拼多多商家的不断增多，平台流量也不断被打散，此时如果商家没有差异化的产品，则会面临严重的同质化竞争，没有优势的产品很难吸引买家。

满足常规化选款的所有要求后，这个产品可以算得上是一个优质产品了。大卖家做到这一步后，凭借本身的品牌、粉丝和推广等优势，通常就很容易打造出爆款。但是，中小卖家不能仅仅依靠常规化选款，而应打造个性化的卖点优势，这样才能吸引更多买家下单。

如果商家打算吸引更细分的人群，产品特点就很重要，产品的差异化就是吸引细分消费者的卖点。商家可以先分析同类产品，总结这些产品的特点，然后在自己的产品上打造差异化的特点功能。商家也可以观察竞品的评价中涉及产品优缺点的内容，然后优化自己的产品。

7.2.2　测款准备：做好产品的基本内功

在测图测款之前，商家需要先做好产品的基本"内功"优化，包括商品标题、商品属性、商品描述、商品轮播图、商品轮播视频以及商品详情图等，如图7-2所示。这些工作如果没有提前做好，可能会让测图测款变得没有任何意义，只是白白浪费钱。

图7-2　产品基本"内功"的准备工作示例

例如，详细和准确的商品属性与描述可以提高搜索时的权重，将商品更精准地推荐给适用消费人群，提高转化，获取更多流量。如男装T恤的商品属性包括品牌、袖长、面料俗称、服装款式细节、材质、风格、成分含量、适用年龄、领型以及版型等，商家可以根据实际情况来填写，也可以快速选择其中的预设属性选项。

在测款的时候，商家需要提供的是一套完整的产品链接，要有配套的主图、视频、文案、详情等内容，而不是那些跟产品无关的图片，或者随便找个产品链接就去测试。

在测图的过程中，尤其要注意的是，商品轮播图必须进行优化才能开始测款。商家可以先使用产品的角度图进行测试，测出点击率最高的产品角度图后，再使用同角度的模特或场景图片进行投放。

7.2.3 计划调整：做好爆款的前期运营

不管是做营销活动，还是做付费推广，都可以为商品带来销量，但如果不能够稳定地产出爆款，为店铺带来持续的利润，这些销量就只是一时的，对于店铺的长远发展没有太大的帮助。

因此，商家必须通过测图测款来做好爆款的前期运营。同时，在测图测款的过程中，还需要做好测款操作计划的调整。以搜索推广测款为例，商家首先要选择推广商品，然后在拼多多管理后台建立搜索推广计划，并设置投放时间。在此过程中，需要注意以下几个细节。

① 设置分时折扣。商家要根据自己的产品人群定位，找出他们常用的多个消费时间段，同时还要根据商品的转化情况合理设置分时折扣，避免产生不必要的推广花费。

② 设置推广创意。商家需要准备4张不同类型或角度的产品创意图片，以及不同内容的创意标题。注意，在制作创意标题时，标题和关键词之间必须有相关性，这样才能获得更好的质量分。商家可以同时测试多个创意，通过轮播的方式展现这些创意，在测款的同时找出最优的创意图。

③ 设置关键词。选择的关键词一定要有搜索热度和相关性，同时竞争强度要尽量低一些。前期可以选择5 ~ 8个优质关键词进行测试，然后删除表现差的关键词，并重新选词补上，继续测试。测词时可以逐步增加出价来提升曝光和流量。

在测词的前期阶段，建议商家以0.5小时为一个时间间隔，去观察关键词的消耗情况。同时通过逐步调整关键词的溢价比例，来保持均匀消耗的良好状态。经过3 ~ 5天的测款，对于点击率高、转化率好的款可以适当提高溢价，并延长一段时间继续测试，以获取更多有价值的数据进行分析。

商家可以同时做5 ~ 8个推广计划一次性测试多款商品，这样不仅能够节省测款时间，而且能获得不错的测款效果。另外，如果店铺中有很多不同类型的商品款式，商家也可以分批进行测试。

7.2.4 测试后期：分析数据找出主推款

当商家经过一段时间的测图测款，积累了一定的指标数据后，可以分析这些关键词的点击率、收藏率、转化率等指标数据，用来区分店铺的运营款式，如表7-1所示。

表7-1 产品基本"内功"的准备工作示例

数据情况	运营款式	操作方法
各项指标数据均高于行业均值水平	主推款	商家可以将其作为主要推广商品，增加推广预算，打造爆款
展现量和点击率较高，但转化率和收藏量较低	引流款	继续进行推广，同时对商品"内功"进行进一步的优化，让转化率能够获得提升，从而拉高商品销量
展现量和点击率表现一般，但转化率、收藏量和ROI数据表现好	利润款	继续进行推广，同时对商品的创意图片和创意标题进行优化，让点击率能够获得有效提升，进而增加商品销量，让商家的利润达到最大化
各项数据指标的表现都比较平庸	普通款	先将付费推广暂停，如果产品的库存比较充足，可以将其作为爆款的关联推荐产品，也可以采用优惠券、活动营销等方法进行引流，做清仓处理

例如，商家可以使用"商品关联推荐"功能，通过引流款来搭售利润款，或者爆款搭售新款，这样不仅能够提升爆款流量的利用率，还能有效提升店铺转化率。商家可以进入拼多多管理后台的"商品管理→商品工具→商品关联推荐"界面，采用智能推荐方案，或者单击"手动添加商品"按钮添加关联商品，如图7-3所示。

图7-3 设置"商品关联推荐"功能

单击"手动添加商品"按钮，弹出"添加关联推荐商品"对话框，商家可以选择3款商品进行关联，如图7-4所示。设置"商品关联推荐"后，可将关联推荐商品展示到爆款商品的详情页中，利用爆款的高人气带动普通款转化，如图7-5所示。

图7-4　添加关联推荐商品

图7-5　商品关联推荐效果

7.2.5　测款数据：重点关注这3个指标

爆款产品的数据特征主要表现为点击率、转化率和ROI这3个指标。商家在测款时，首先需要的是获得足够多的点击量等数据，并用其对比爆款产品的数据。

（1）点击率

当买家在拼多多搜索某个商品时，如果商家的商品标题符合买家搜索时输入的关键词，即可被触发，与该关键词所对应的商品都将显示在买家的搜索结果页面中，这就是关键词和商品的一次展现。将商家在一段时间内获得的展现次数进行统计，即可得到"展现量"，它可以体现商家的关键词质量分和商品的好坏。

当买家看到商家的商品标题或者主图，对商品感兴趣，希望进一步了解产品，可能会点击访问店铺。将商家的店铺或商品在一段时间内获得的点击次数进行统计，即可得到"点击量"。

了解了"展现量"和"点击量"的计算方法后，即可计算出商品的点击率。点击率（Click Rate）是指在搜索结果页面中商品被点击的次数百分比。例如，10个人中有一个人在搜索结果中点击商品主图打开了某商品，则该商品的点击率就是10%。

（2）转化率

转化率就是所有进入店铺并下单购买的买家人数，与所有点击进入店铺的总人数的比率，计算方法如下。

转化率＝（购买商品的客户人数÷商品所有的访客人数）×100%

在爆款前期阶段，商品的定价和款式是决定转化率的关键因素，商家可以先给新品做一些基础销量和评价。定价的设置不超过行业均值，同时将转化率做到行业均值的一半以上，这是爆款前期的基本要求。

（3）ROI

不管是拼多多，还是其他的电商平台，商家的生意都是从曝光展现开始，其流量路径如下。

曝光展现→用户点击→下单转化（收藏）→ROI

ROI的计算公式如下。

$$ROI = \frac{产出}{花费} = \frac{点击量（流量）×转化率×客单价}{点击量×PPC}$$

其中，PPC是实际的单次推广点击扣费。从公式可以看出，ROI主要受到转化率、客单价和PPC的影响，点击量并不会直接影响ROI，但会通过影响点击率，从而对GMV产值产生影响。

在测款计划投放过程中，商家需要根据点击率、转化率、ROI等数据来调整出价，添加或者删除相应的关键词和创意图片。测款时，最好要有超过3天的推广数据作为依据，找到点击率、转化率以及收藏率都高的主推款。

7.2.6 注意事项：测款优化和影响因素

通过测款后期的分析总结，商家不仅可以找出店铺的主推款，还可以根据测款结果对测款的推广计划进行优化，具体方法如表7-2所示。

表7-2 测款计划的后期优化方法

影响因素		优化方法
有曝光量无点击量	曝光量少	以天为时间单位，逐步提高关键词出价，通过两天的投放，观察数据变化情况，如果数据没有改善则建议删除该关键词
	曝光量大	提高关键词出价，如果当天的点击量没有增加，则删除该关键词；如果当天能够获得少量点击，则待数据量积累到一定程度后，再进行优化调整

影响因素		优化方法
ROI高 点击率低	点击率 上升	提高关键词溢价比例，如果点击率在2～3小时内能够稳步上升，且ROI没有降低，则保持溢价
	点击率 下降	提高关键词溢价比例，如果点击率在2～3小时内不升反降，则取消溢价，恢复原价
ROI低、点击率高		将关键词的溢价比例适当降低，具体操作方法同上

调整优化测款计划时，商家还需要注意以下事项。

① 具体调整数值。商家可以根据关键词的实际曝光量对出价或溢价进行合理调整，没有固定的参数。

② 关键词的增减。删除的关键词可能只是不适合这个阶段或者某个计划，并不代表它完全没有价值，商家可以在不同的时期使用不同关键词进行测试。

③ 点击率的分析。需要有足够大的点击量作为支撑来进行优化。商家可以使用"搜索词分析"推广工具来找出关键词的行业平均点击率数据进行对比，判断计划中的关键词的点击率数据优劣。

④ 投产比的分析。在优化投产比时，同样需要足够多的订单量作为支撑，商家可以采用公式"ROI平衡值=1÷利润率"，将ROI做到盈亏平衡状态。

专家提醒

优化测款计划有一个前提条件，那就是获得的流量数据要足够大。如果关键词的曝光量只有几百，或者点击量只有几个，就没必要进行优化了。建议商家用7天的数据进行分析，这样得到的测试结果会更加准确。

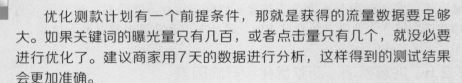

7.3 高效测款：6个技巧，选出潜力爆款

很多商家在经营拼多多店铺时，会遇到下面这两种情况。

● 商家参加活动的时候，产品卖得很好，但一旦活动结束，产品销量就变得寥寥无几。

● 商家花了很多钱做付费推广，但既没有点击转化，也没有订单量。

出现这些情况，很可能是你的"款"出现了问题。其实，很多时候商家认为好的产品，市场的认可度并不一定高。因此，商家在发布新品前，一定要先测款，对于表现差的款式，要及时进行优化或者更换，不然你会做很多无用功。

7.3.1 搜索测款：搜索人群精准度更高

商家可以在后台创建搜索推广的测款计划，然后设置计划名称、预算日限和分时折扣。单击"继续"按钮选择要测款的产品，关键词尽量添加二级词或长尾词，这样便于测出更精准的关键词。在选词的时候，商家可以根据商品的属性选择2 ~ 3个相关的核心词，例如"风衣女款"产品可以选择下列关键词，如图7-6所示。

	搜索词	相关性	搜索热度	点击热度	点击率	转化率	竞争强度	市场平均出价(元)
☐	风衣女中长款	5	58479	178020	4.47%	1.00%	20039	0.26
☐	风衣外套女	3	33979	87318	4.22%	1.36%	11625	0.23
☐	风衣	5	34808	46028	4.46%	1.14%	8808	0.42
☐	风衣女短款	5	8807	20601	4.03%	1.38%	3781	0.34
☐	风衣女长款	5	4953	14020	4.95%	0.94%	1233	0.37
☐	风衣女中长款洋气	3	13541	37751	4.23%	0.76%	2852	0.31
☐	春季风衣女	5	2421	6465	4.64%	0.85%	451	0.27
☐	2020新款风衣女	3	8361	25289	5.47%	1.16%	1547	0.26
☐	风衣女学生韩版	3	7116	14494	4.47%	0.76%	1319	0.29
☐	女士风衣	5	4163	12975	4.44%	0.96%	1920	0.38
☐	中长风衣外套女	3	1370	4369	4.77%	0.82%	252	0.30
☐	长款风衣女过膝	3	1809	6173	5.46%	0.69%	666	0.21
☐	女士风衣中款	3	3039	8974	4.97%	0.96%	1195	0.38

图7-6 测款关键词选择示例

对于"风衣女款"这种非标品产品来说，选择关键词时，建议商家将相关性高和搜索热度中等偏高作为参考依据，尽可能获得精准的测款效果。例如，商家可以先选择10 ~ 15个关键词，然后从中找出核心词，这样能够让消耗更均匀。

第二天可以再添加其他关键词，质量分会有明显的提升。同时，商家需要适当提高出价和预算日限，这样测款比较耗钱，更适合大中型商家。

注意，每个关键词在一周内至少需要获得100个点击，这样才有参考价值。然后分析款式在每个关键词中的点击率（在3%以上）、转化率以及顾客反馈

［（收藏＋支付占比）÷点击量］等数据，并对比目前此关键词的竞品产值，分析产品的竞争力，如表7-3所示。

表7-3　搜索推广的测款依据

点击率	收藏＋支付占比	测款结果	优化方法
高	低	留下	优化创意图片，以及商品主图、详情页，并继续观察
高	高	留下	符合准爆款特征，可以作为主推款进行全力推广
低	低	淘汰	停止推广，避免产生损失
低	高	留下	优化创意图片，并继续观察

7.3.2　场景测款：获取推广数据速度快

场景推广不仅可以用于日常推广和补充销售额，还可以获取产品款式的测试数据。场景推广一般用于新品测款，商家可以在规划时间内获得测款数据用于分析，如主图点击率、转化率等。

场景推广测款的主要优势有：辐射人群比较广；CPC低，周期短；获取数据的速度快。

场景推广测款有一段时间的启动期，此时系统会在商品标签的基础上寻找对应的人群标签进行匹配。场景测款的点击量最低门槛为500个，要拿到场景的均匀消耗数据，测款时间通常需要3～5天，具体时间可以根据数据量和推广预算来决定。

由于场景推广的精准度比搜索推广要低，因此必须获取更多的数据量来实现精准的人群定向，点击率相对来说会比搜索推广点击率低一些。下面介绍场景测款的操作注意事项。

① 设置基础出价。商家可以由低到高进行出价，直至获取合适的点击率。同时商家可以通过分时折扣设置来实现点击均匀消耗。

② 设置人群溢价。当匹配相似人群后，点击量出现增长，此时商家可以适当提高溢价，同时降低基础出价，控制展现量的稳定，同时保证人群的精准度。

③ 记录推广数据。商家需要及时记录推广商品的点击率、ROI和转化率等数据。数据量越多，测款结果越精准，同时要注意判断季节性、销量评价和创意图等因素。

④ 测图选图思路。推广时间为1～5天，点击量需要达到500个，在推广结果中优选ROI和UV价值（UV价值＝交易额÷点击量）最高的创意图。例

如，在下面这个场景测款计划中，第一张创意图的UV价值为159.2÷48=3.3，第4张创意图的UV价值为278.6÷161=1.7，同时对比两张图的投入产出比数据，可以得出第一张图推广效果更好的结论，如图7-7所示。

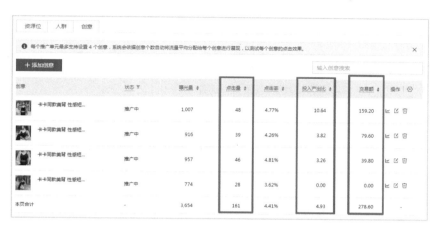

图 7-7 测图选图思路示例

7.3.3 老客测款：精准营销的有效渠道

对于那些开店时间长的商家来说，肯定都知道维护老客户的重要性。通常情况下，开发一个新客户需要花费的成本（这里包括了时间成本和金钱成本），等于维护10个老客户的成本。因此，商家需要通过私域流量的运营，做好老客户的维护工作，这样不仅可以让他们更信任你，还会给你带来更多的效益。下面介绍老客户的主要作用。

- 老客户是店铺的生存基础，可以保证商家的基本利润。
- 老客户信任度高，可以为商家节省更多时间成本。
- 老客户有自己的行业圈子，是开发新客的有效途径。
- 向老客户推销产品时，成功率更高，可以达到50%。
- 提升顾客群体的转化率，保持长久的竞争优势。

从上面这些老客户的优势可以看到，他们比陌生的新客户有更高的包容度和忠诚度。因此，商家在进行测款时，可以将店铺的老客户作为首选测款人群，通过手机短信、客户运营平台以及老客户群等渠道向他们发送推荐产品。通过老客户测款，不仅能够快速找出主推款，还能够降低直接面向市场测款的风险。

以拼多多的短信营销功能为例，商家可以先上架商品，但不用做付费或活动推广，而是通过短信营销推给老客户。商家可以进入拼多多管理后台的"店铺营销→短信营销"界面，在"场景营销"下方的"个性化营销"卡片中，单击"立即创建"按钮，如图7-8所示。

图7-8　单击"立即创建"按钮

进入"自定义营销"界面，在"发送对象"选项区中，单击"选择人群"按钮，如图7-9所示，弹出"选择发送人群"对话框，在"推荐人群"列表中选择"店铺历史成交客户"（历史成交次数大于等于1次）或者"优质老客"（历史成交次数大于等于2次）人群，如图7-10所示。

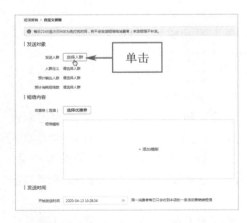

图7-9　单击"选择人群"按钮

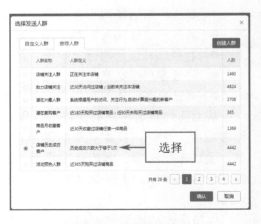

图7-10　选择发送人群

选择好人群后，单击"确认"按钮，系统会自动计算预计触达人数和预计消耗短信数。在"短信内容"选项区中单击"选择优惠券"按钮，弹出"选择优惠券"对话框，单击"创建优惠券"按钮，弹出"创建优惠券"对话框，设置"优惠维度"为"单个商品"，并设置相应的优惠券名称、有效时间、面额、使用条件和发行张数，如图7-11所示。

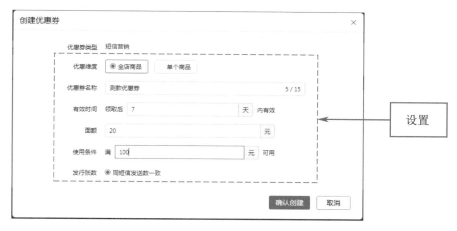

图7-11 创建优惠券

单击"确认创建"按钮，返回"选择优惠券"对话框，选中创建好的优惠券前的单选按钮，如图7-12所示，单击"确认"按钮，即可添加优惠券。

图7-12 选择优惠券

在"短信内容"选项区中单击"添加模板"按钮，弹出"短信模板选择"对话框，商家可以设置自定义的模板，也可以在"官方模板"列表框中选择一个合适的短信模板，如图7-13所示。

单击"确认"按钮即可添加短信内容，然后设置相应的发送时间，单击"保存设置"按钮，即可在所设置的发送时间自动将该短信发给老客户，如图7-14所示。

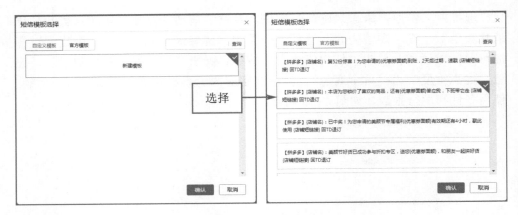

图 7-13　选择短信模板

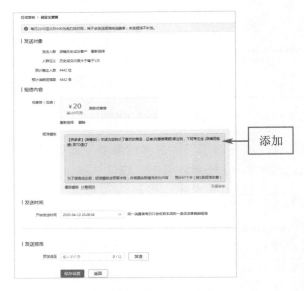

图 7-14　添加短信内容

如果商家有自己的老客户群，可以在群中同步进行宣传，提升老客户的积极性。另外，在发送短信后，商家还需要记录优惠券的领取量和使用量等情况，这些都是老客户对于新品的反馈数据。通过记录一周的数据量，商家可以将下单量最多的款作为测试的结果款。

7.3.4　活动测款：预估大促的产出预算

活动测款适合以活动流量为主的商品，通常都是为了测试新品价格，从而预估大促的产出预算。商家可以将新品开通一些小活动，然后重点对比活动价和正常价的转化率数据，来判断产品在大促时到底适合卖什么价格。例如，爱逛街就比较适合女装等非标品类的产品进行价格测试，如图7-15所示。

图7-15 爱逛街的报名页面

专家提醒

爱逛街活动的主要功能在于新品推广。该活动对于新品的扶持力度非常大，适合物美价廉的男装、女装、箱包配饰、童装、内衣、鞋靴、美妆、运动以及偏向成熟大龄消费群体的商品参与。商家选择相应的资源位报名入口后，可以查看具体的活动流程、活动规则以及活动要求等内容，如图7-16所示。

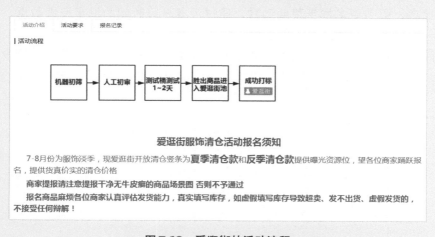

图7-16 爱逛街的活动流程

通过参与活动，商家可以先分析新品在小活动中的访客数、转化率等数据反馈情况，再进行综合评估，如图7-17所示。数据越多测试结果越精准，可以更好地对大促活动的商品活动价、备货量以及盈亏情况等进行合理规划。

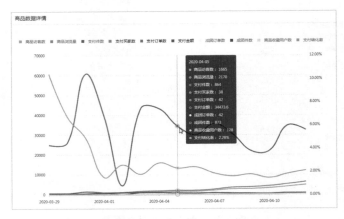

图 7-17　查看活动商品的数据详情

需要注意的是，活动测款前期因商品要达到活动门槛，需要付出较多的预算，对于产品的成本要求比较高，市场的竞争也比较激烈。因此，这种测款方式不适合小商家使用。

7.3.5　推手测款：多多进宝测款更简单

多多进宝测款适合有一定基础销量的商品，商家可以通过设置一个较高的佣金比率，吸引更多推手帮助测款，通过观察一段时间的推手反馈数据，筛选出适合在多多进宝渠道进行主推的商品。

商家可以针对要测试的多个商品创建多个通用推广计划，并且将佣金比例和优惠券（保证每款盈亏相同）数量全部设置为一致，如图7-18所示。

图 7-18　多多进宝的通用推广计划

在测款前，商家还需要记录商品原价、折扣价、佣金比率、实际到手价格、优惠券的领取数和使用数等数据，可以在流量高峰时段每小时记录一次。最后进行数据分析，如领券快说明商品的主图优质、认知度高或者性价比高；用券数多则说明产品主图和详情页优秀，用户的需求量比较大。

7.3.6　评估测款：综合判断竞品的特点

评估测款适合没钱做付费流量测款的小商家，或者店铺自身流量不足的新商家。例如，商家的主营产品是连衣裙，可以去统计和收集平台上的爆款连衣裙特点，包括产品的品牌、风格、设计元素、款式、面料材质、价格、售价区间和优势等。然后再将这些热销竞品与自己的产品进行分析对比，评估自己的店铺中哪些产品有爆款潜质，哪类产品只能是普通款。

专家提醒

商家在测款前需要对店铺进行规划，确保所选产品符合店铺的整体风格定位，千万不能随意上架商品，这样店铺很难获得精准的人群标签，系统也就无法为店铺推送精准流量。因此，店铺风格一定要做到统一。

第**8**章

提升ROI：
快速提升爆款销量

对于付费推广，商家最关心的指标肯定就是投入产出比。笔者相信，不管哪个在拼多多开店的商家，都不愿意一直"烧钱"进行商品推广。尤其是中小商家，谁的营业额升得更快，谁的ROI更高，谁就能更快地在激烈的市场竞争中脱颖而出。

8.1 优化折扣分时：3个要点，提升ROI

付费推广可以为店铺或商品带来更多精准流量，从而带动整个店铺的流量上升，然后让这些流量产生转化，最终达到提升ROI的目的。要提升ROI，商家首先要做好付费推广计划的分时折扣设置，即通过不同时间段的不同出价实现精准投放，从而增加推广商品的曝光量。

8.1.1 调整原理：分时折扣与出价的关系

根据分时折扣的计算公式"分时折扣＝关键词出价（或场景溢价）× 分时折扣比例"，可以看到分时折扣的基本原理其实就是调整实际出价的"阀门"。分时折扣的功能与水闸类似，可以通过调整"阀门"将出水量调大或调小。同样，商家可以通过控制分时折扣比例来调整实际出价的大小，示例如表8-1所示。

表8-1 分时折扣调整出价的示例

关键词出价	分时折扣比例	实际出价
1元	200%	2元
1元	100%	1元
1元	50%	0.5元

在"多多搜索"的计划详情页面中，商家可以在推广计划名称下方看到一个"当前折扣"选项，会显示当前时段和折扣比例，如图8–1所示。单击[编辑]按钮，打开"分时投放策略"窗口，即可查看和修改当前配置的分时折扣模板。

8.1.2 下载报表：订单成交高峰期分析表

当商品产生订单后，商家可以算出一天中哪个时间段的成交量最高，然后在这个时间段提高分时折扣比例，对于其他成交量不好的时间段，可以适当降低分时折扣比例。下面介绍制作订单成交高峰期分析表的具体操作方法。

① 进入拼多多管理后台的"发货管理→订单查询"界面，❶将"订单状态"设置为"全部"，"拼单成功时间"设置为越长越好，❷单击"查询"按钮，即可查到相应的订单数据，如图8–2所示。

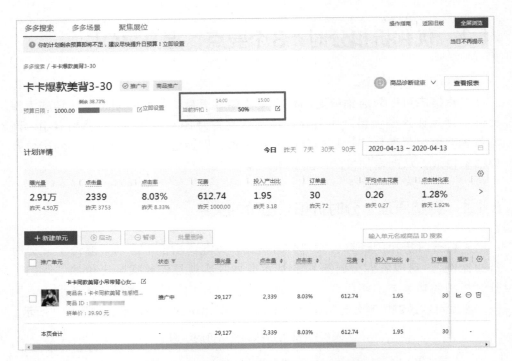

图8-1 查看已有推广计划的当前分时折扣

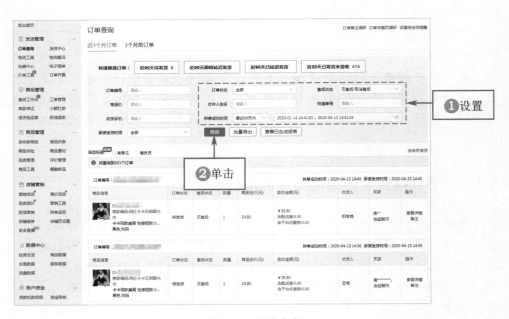

图8-2 订单查询

② 单击"批量导出"按钮，弹出"批量导出订单"对话框，显示导出时间和订单状态等信息，单击"生成报表"按钮，如图8-3所示。

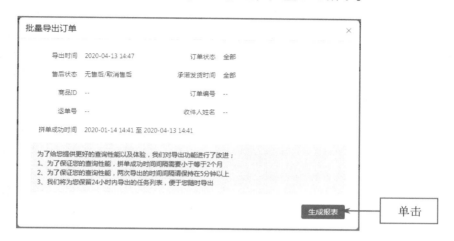

图8-3　单击"生成报表"按钮

③ 进入"已生成报表"界面，会显示报表导出进度。

④ 当导出完成后，会显示"下载订单报表"按钮，❶单击该按钮，弹出"另存为"对话框，设置保存路径和文件名，❷单击"保存"按钮，如图8-4所示。

图8-4　单击"保存"按钮

⑤ 下载报表后，打开该报表可以看到包括很多订单数据信息的表格，如图8-5所示。

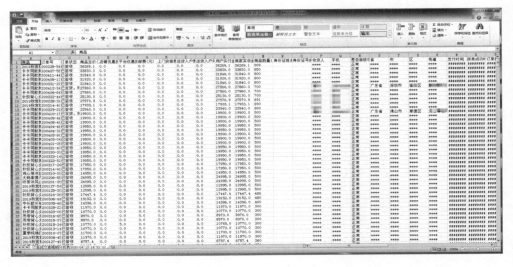

图8-5　打开报表

⑥ 商家可以只保留"拼单成功时间"这一列数据，将其他的无关数据全部删除，如图8-6所示。

⑦ 单击"拼单成功时间"右侧的 ▼ 按钮，在打开的筛选菜单中，即可按天查看数据，如选择"2020→三月→01"这一天，可以看到有4个成交时段，以及具体的成交订单的时间，如13点有两笔成交，如图8-7所示。

图8-6　删除多余数据

图8-7　筛选数据

8.1.3　调整方法：设置实际分时折扣比例

商家可以制作一个24小时的统计表格，然后将所有的成交订单数据根据成交时间填入表格中，并统计每个时间段数据的成交订单数据并求和，得出该时间段的订单占比（某时段订单数 ÷ 订单总数），从而得出成交高峰期分时表，如图8-8所示。例如，17：00这个时段的订单数合计为56单，则订单占比为56÷327=17.13%。

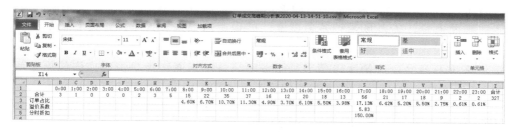

图8-8 成交高峰期分时表

接下来商家还要计算高峰时段的溢价系数，具体公式为"溢价系数=1÷高峰时段的订单占比"。如图8-8所示，该店铺高峰时段的订单占比为17.13%，则溢价系数为1÷17.13%=5.83。

最后，商家可以用下面公式来设置各个时段的实际分时折扣。例如，在17：00这个高峰时段，分时折扣为17.13%×5.83 + 50% ≈ 150%。商家可以参考这个方法计算出其他时段的分时折扣。

分时折扣＝订单占比 × 溢价系数＋50%（最低分时折扣比例）

8.2 快速提升ROI：7个技巧，轻松实现

优化提升ROI的方法比较多，本节主要介绍通过付费推广提升ROI的一些基本技巧。

● 商家可以通过分时折扣、精准人群筛选、关键词的选词调整和场景计划定向优化等方面，提升商品的精准流量。

● 商家可以从推广优化、营销工具和配套服务以及做好商品"内功"等方面，来提升商品的转化率。

● 商家要做好爆款商品的定价策略，可以根据单个UV价值和竞争环境来定价，从而提升客单价。

● 拼多多的搜索推广和场景展示推广都是采用CPC扣费，商家可以优化质量分和点击率来降低花费。

8.2.1　为产品匹配适合的推广通道

拼多多的推广渠道虽然有很多，但只有适合商家自己的渠道，才能够带来好的推广效果。拼多多平台上最常用的就是多多场景和多多搜索，但在选择这两种推广方式时，却难倒了不少商家。

表面上看，多多场景和多多搜索的展现逻辑都是千人千面，但它们的资源位差别比较大，对于推广商品的要求也不尽相同。多多搜索是通过买家搜索关键词来推荐商品，流量比较精准；而多多场景则是通过类目页等广告位展示商品，流量比较泛。因此，商家需要根据商品的实际情况，选择合适的计划推广。

例如，对于爆款、应季性商品以及日常生活用品等商品来说，比较适合用多多场景推广，这样能够获得更高的曝光量和点击量。

另外，对于有经验的老商家来说，可以将多多场景和多多搜索两种推广方式结合使用，能够获得更好的推广效果。当然，前提是商家要做好测款以及商品自身的"内功"优化工作。

8.2.2　掌握付费推广ROI盈亏平衡点

打造爆款通常包括4个阶段：测款分析期，通过付费推广获取测试数据，同时统计市场数据判断利润空间；冲量期，选择成本低的方式获取最大化的销量，付费推广通常用较低的ROI进行冲刺；稳定期，非标品可以牺牲部分利润，来稳定全维度流量，标品则以持平ROI来稳定产品GMV，从而持续获得免费流量和盈利；收割期，以利润最大化为核心，分析历史推广数据来判断ROI指标。

当商家投放搜索推广一段时间后，通过ROI盈亏平衡点即可判断推广效果的好坏。当商家在搜索推广的报表中看到的ROI大于ROI盈亏平衡点时，说明付费推广是盈利的，否则说明付费推广是亏损的。

商家可以通过商品的利润率、ROI平衡点、商品所在的推广时期和ROI需要控制的区间来控制ROI数据。商家可以在商品优化都做好的情况下，根据定向和资源位数据现状对点击以及ROI进行相应调整，充分利用好分时折扣工具，以获取不同商品推广时期的最优效果。

8.2.3　提高付费推广ROI的两种途径

商家如果要想提升场景推广的ROI，前提是必须了解影响ROI的因素有哪些。根据ROI的计算公式"投入产出比＝交易额÷消耗＝转化率×客单价÷平均点击单价"可以看到，如果商品的客单价是固定的，商家只能通过提高转化率以及降低 PPC 来提升 ROI。

① 提高转化率。转化率比较好控制，能够直接提升 ROI。

② 降低点击单价。点击单价很难控制，需要商家有一定的耐心，才能达到优化 ROI 的效果。

8.2.4 如何拯救和优化场景推广 ROI

要拯救和优化场景推广的 ROI，商家可以从提高转化率入手。影响商品转化率的因素非常多，下面重点介绍 6 个提升影响转化率的因素。

（1）优化轮播图

作为在商品列表中第一眼能看到的图片，商品轮播图一定要放置最具有核心竞争力的商品图片。优质轮播图可以有效提高商品的曝光率和转化率。拼多多的商品轮播图可以放 10 张图片，商家一定要合理利用好这 10 张轮播图，给用户留下好的第一印象，从而增加商品的转化率。

① 各司其职。用 10 张轮播图展示不同的产品信息，如首图可以用来引流，副轮播图可以用来展示产品的细节、卖点、优惠信息以及售后保障等，将轮播图当成商品详情页来设计。

② 优化顺序。根据用户的浏览习惯，将他们购物最大的痛点放置在靠前的轮播图中，让买家能够快速下单，从而提高成交率。

③ 简洁明了。单张轮播图只需要展示一个卖点即可，否则信息过多会让用户抓不到重点，如图 8-9 所示。

④ 展示买家秀。如果商品的卖点比较少，商家也可以挑选一些优质的买家秀图片，将其放到轮播图中进行展示，增加产品的真实性，如图 8-10 所示。

图 8-9　轮播图的信息简洁明了

图 8-10　用轮播图展示买家秀

（2）优化详情页

好的详情页设计能够增加用户的浏览时间、提高客户购买率。商家需要深入分析产品特点来设计详情页的具体内容，并按照用户的浏览习惯通过详情页更好地将产品的各种信息罗列出来。

① 首屏。可以用商品海报突出产品的整体特色，也可以使用场景图增加代入感，让用户对产品有一个全面的认知，如图8-11所示。

② 二三屏。筛选出2～3个主要的产品卖点，集中吸引买家眼球，如图8-12所示。

图8-11　详情页首屏示例

图8-12　详情页二三屏示例

③ 四五屏。展现产品的细节特色，注意图片的清晰度要高，同时添加相关的说明文案进行介绍，如图8-13所示。

④ 六七屏。展示产品的详细信息，如衣服的尺寸等，如图8-14所示。

图8-13　详情页四五屏示例

图8-14　详情页六七屏示例

⑤ 其他。在详情页的底部，商家可以将自己的商品与同行商品进行对比，强化商品的卖点，突出商品的售后保障等信息。

（3）维护好评分

评价会直接影响买家购物决策、商品综合排名以及活动报名。相关数据显示，有95%的买家在购物时会参考商品评价，其中好评可以增加他们下单的决心，而差评会导致他们对商品失去信心。商家可以进入拼多多管理后台的"商品管理→评价管理"界面，查看店铺近90天动态评分以及来自客户的评价，如图8-15所示。

图8-15 "评价管理"界面

如果发现中差评，要积极联系买家查明原因并处理。下面介绍一些获得好评的相关技巧。

- 提高商品的品质，让买家买到称心如意的商品。
- 商品描述要详细、真实，让买家从信任到信赖你。
- 为买家提供细心、耐心、热心的优质客服服务。
- 商家要积极配合客服，解决买家的售后问题，避免他们给出中差评。
- 商家要选择优质的快递进行合作，提高买家的物流和收货体验。

（4）合理的定价

拼多多的产品价格普遍较低，商家还要承担运费，但只要产品销量达到一定程度，还是会有不错的利润的，而且还能获得极大的流量，带动其他利润款的产品销量。因此，商家在给产品定价时，需要符合一个基本原则，即"满足用户追求经济实惠和高性价比的消费心理"。下面介绍一些拼多多产品的基本定价方法。

①利润空间值。商家首先要了解产品的成本价，然后选择合适的利润空间值。商家可以参考卖得好的同行或同款产品的利润空间值，分析出买家可以接受的价格区间。

②预留降价空间。产品前期的价格可以定高一些，因为前期的展现量不会太多，价格的高低对流量的影响不大。这样做可以给产品后期报活动预留更多的降价空间。

③做好推广预算。定价时需要考虑推广的成本预算，保证产品的ROI，让商家不至于亏本，同时尽可能让所有的花费都能够有所收获。

（5）询单转化率

询单转化就是指买家通过咨询店铺客服，由客服促成该订单形成的销售转化。询单转化率是指进入店铺咨询并下单的人数占进入店铺咨询总人数的百分比，即"询单转化率=咨询下单人数÷咨询总人数"。客服可以通过给买家带来好的聊天体验，增加他们下单的概率，具体包括以下几个方面。

- 快速人工响应，把握住买家咨询后的"黄金10秒"。
- 做好产品和服务的卖点包装，熟练掌握并传达商品情况。
- 掌握顾客砍价的应对技巧，强调性价比、改价权限和赠品。
- 通过价格优惠、发货速度、售后服务和促销活动等方式催单。

提升询单转化率有助于降低买家的流失，主动咨询和进店的买家基本都是有购物需求，对商家的商品有兴趣、想了解的人。商家通过客服主动拉拢这些人，比通过其他渠道或方法去引流的效果更好，而且转化率更高。

当然，要提升询单转化率也不是漫无目的的。商家可以参考同行业的平均水平，可以在拼多多管理后台进入"多多客服→客服数据→店铺数据→客服数据趋势"页面查看，这里会显示同类目前10%的均值数据，商家可以将该数据作为自己的目标，如图8-16所示。

图8-16　查看同行业的询单转化率平均水平

（6）催付未成交

好的客服往往可以留住很多顾客，促成更多的潜在订单，给店铺带来利润，是店铺财富最直接的创造者。客服话术对于提升询单转化率至关重要，好的话术可以大大提升店铺的转化率。

很多买家在购物时非常犹豫，经常会出现下单后未支付的情况。这些买家大部分考虑的都是价格因素，因此商家可以通过"降价催支付"功能对商品进行改价，给买家一颗定心丸，提醒并促成他们及时付款。

"降价催支付"功能不仅能够让售前客服的能力得到很好的提升，如让他们学会主动向买家催款促成成交，减少客户流失，还能让店铺转化率得到有效提升，促进销售额的增加。

在客服工作台右侧切换至"买家订单→店铺待支付订单"界面，❶单击"催支付"按钮，弹出"卡片催付"对话框，❷设置相应的降价折扣，如图8-17所示。单击"发送"按钮，即可给买家发送降价后的订单链接，吸引买家完成订单支付。

图8-17 使用"降价催支付"功能

8.2.5 进一步优化ROI突破流量瓶颈

通过前面的优化功能，当ROI得到提升，达到盈亏平衡点并实现付费推广的盈利后，如果商家还想进一步发展，该如何继续提升ROI呢？此时，商家可以通过优化投放时段、投放人群和资源位，来实现ROI的进一步提升。

① 优化投放时段。商家可以通过优化分时折扣选项，达到有效提升ROI的目的，具体思路如下。

● 第1天：商家可以先选择行业模板，然后观察推广数据，当ROI较低时，适当下调溢价比例，从而降低ROI表现差的时段对全天ROI数据的影响。

● 第2天：使用行业模板投放一天后，在第2天，商家可以在行业模板的基础上，根据前一天的ROI数据表现进行微调，制定自己产品的分时折扣模板。

② 优化人群和资源位。商家可以通过合理匹配人群定向和资源位的溢价，将商品在最合适的位置推荐给最有需求的买家，这是优化场景推广ROI的核心要点。其中，优选活动页这个资源位的转化率和ROI都非常高，是优化ROI的不错选择。

8.2.6 优化投放地域实现高转化ROI

在设置搜索推广或场景推广的"地域定向"选项时，商家可以多投放转化率和投入产出比更高的地域。在选择"地域定向"时，商家可以参考下面这些数据。

① 根据推广计划报表中的累积地域数据，分析主要成交词的流量来选择。

② 使用"搜索人群洞悉"工具，在"用户画像"中选择查看"点击转化率"和"投入产出比"数据，找到高转化和高ROI人群所在地域，如图8-18所示。

图8-18 用户画像的地域分析

8.2.7　用短信营销功能提升店铺ROI

短信营销最主要的功能就是拉新引流和老客复购，对于提升店铺ROI有很大的帮助。对于拉新引流来说，商家可以通过"导入手机号＋精准引流"的方式，导入店铺的老顾客或粉丝，这些人进店后下单付款的概率会更高。对于提升复购或老客召回来说，建议选择3个月以内的老客户，这些人回购的可能性会更大。

商家可以进入拼多多管理后台的"店铺营销→短信营销"界面，在"场景营销"选项区中的"导入手机号"卡片上单击"立即创建"按钮，并根据自己店铺和商品的实际情况自定义短信内容。"导入手机号"功能主要适用拥有较多客户手机号的商家，可以实现更加精准的营销。

专家提醒

商家可以将到店的客户按照年龄、消费次数、实际需求等条件进行细分，向不同的人群发送不同的短信内容。

- 一个月进店消费1次：唤醒类短信内容，引导客户进店消费。
- 进店消费3次的客户：关怀或活动打折短信，让客户产生兴趣。
- 进店消费4次以上的客户：对于这些非常稳定的老客户，建议商家多发短信问候他们，同时可以发送一些新品推荐或者产品常识相关的短信内容。

8.3　oCPX广告助手：3大设置，智能投放

商家在投放广告时，通常会碰到成本不可控、效果不稳定、转化数量少、运营成本高等问题，而oCPX场景智能出价功能，就是拼多多为了帮助商家解决这些问题而推出的高效转化工具，oCPX同时能够让ROI更高更稳定。

8.3.1　转化神器：开启oCPX出价功能

在场景推广计划中开启oCPX出价功能，即可让推广商品精准触达高转化

人群。下面介绍具体的操作方法。

① 创建场景推广计划，设置基础信息时，在"推广方案"中选择oCPX选项，如图8-19所示。

图 8-19 选择oCPX选项

② 单击"继续"按钮，添加相应的推广商品并设置单元名称。进入"出价"设置界面，填写"点击出价"和"预期成交出价"，系统会根据此价格以及历史数据自动优化出价，如图8-20所示。

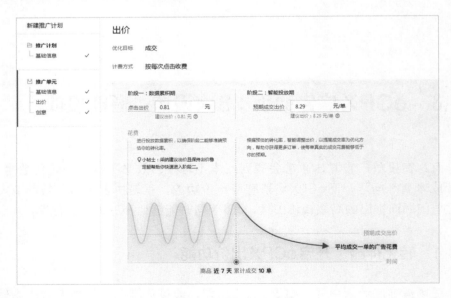

图 8-20 设置oCPX出价

"点击出价"是指一次点击的最高价格，最终的扣费不会高于此出价。"预期成交出价"是指商家愿意为获得一个订单所付出的推广花费。通过oCPX出价功能，商家只需设置出价，即可轻松获得稳定ROI下的订单增长。

同时，系统会始终根据商家设置的"预期成交出价"参数，为推广商品自动优化调整投放，最大化保证ROI的稳定，实现订单暴涨。

8.3.2 出价设置：oCPX出价使用技巧

oCPX出价功能同样包括两个阶段。

① 数据累积期。此阶段主要用于累积投放数据，以确保阶下一阶段能够准确预估推广单元的转化率。

② 智能投放期。根据预估的转化率智能调整出价，以提高成交率为优化方向，帮助商家获得更多订单，使每单真实的成交花费都能低于预期。

例如，推广商品的单价为10元，平均每笔订单能够卖出10件商品，则一笔订单的均价为100元。其中，商品成本为40元，商家愿意花20元的推广成本来获得一个订单，开启oCPX出价功能后，则"预期成交出价"就是20元，同时每卖出一单，商家可获利40元，如图8-21所示。

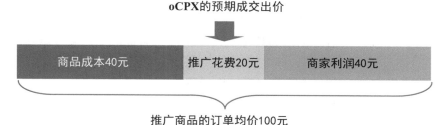

图8-21 设置oCPX出价示例

> **专家提醒**
>
> 若商家开通oCPX推广，则该推广单元不能再切换为自定义单元模式，也无法调整分时折扣比例。

进入智能投放期后，阶段一的"点击出价"立即失效，此时商家只需调整"预期成交出价"即可。另外，商家可直接参考场景推广计划7天的"每笔成交花费"数据进行出价，如图8-22所示。

图8-22　参考场景推广计划7天的"每笔成交花费"数据

相比自定义出价，oCPX出价相当于交给系统托管运营，系统会24小时关注推广数据并进行实时优化。同时，系统会按照"预期成交出价"有目的地进行优化，让推广效果更稳定。系统还会根据流量质量实时动态出价，让商家不错失每一个优质流量。

8.3.3　投放优化：oCPX出价调整技巧

商家可以选择有一定销量基础的商品投放oCPX推广，第一阶段的出价建议直接使用系统建议价格，这样能够保持出价稳定且可以帮助商家快速进入第二阶段。

（1）第一阶段

第一阶段出价上限为"点击出价"，系统会根据商家设置的"预期成交出价"方案，在实时预估转化率的基础上对出价进行智能调节，减少低质流量的曝光。

对于商家来说，第一阶段的主要工作如下。

① 提升"点击出价"和"预期成交出价"，获取大量曝光。

② 降低"预期成交出价"，控制获取的曝光量的稳定性。

通过3～7天的投放，商家在此过程中要注意每天观察数据，建议在下午2点时查看，数据会更加客观。需要注意的是，此阶段的推广预算设置一定要充足，必须在7天内完成10单，否则无法进入第二阶段。

（2）第二阶段

在此阶段中，商家切不可频繁调整"预期成交出价"，建议每天最多调整一次。因为"预期成交出价"并不是实际的出价，而是给系统制定的一个目标出价。系统会根据这个目标出价提高对优质流量的出价，同时降低对较差流量的出价，从而为推广商品带来更多高质量流量。

对于商家来说，第二阶段的主要工作如下。

① 提升"预期成交出价"，幅度为20%，调整后观察半天，获取曝光。当

推广商品的点击率和转化率数据表现不好的时候，商家可以通过增加"预期成交出价"来提升商品的曝光。

② 根据商品的"每笔成交金额"和商家的期望投产比，调整"预期成交出价"，优化推广计划的ROI。同时，商家还需要观察创意的数据表现，采用优胜劣汰的原则进行调整，直到获得满意的曝光量和ROI为止。

商家可以在"多多场景"界面中选择相应的oCPX推广计划，在"阶段二"卡片中单击"预期成交出价"后的修改按钮 ，在弹出的"修改预期成交出价"对话框中可调整出价，如图8-23所示。

图8-23 调整"预期成交出价"

专家提醒

在"修改预期成交出价"对话框中，系统会给出3个目标建议出价，商家可自主选择进行调整。需要注意的是，"预期成交出价"是有上下限的，设置范围为4～1000元。

第 9 章

付费推广：
助力商家冲量登榜

商家通过购买明星店铺、聚焦推广等付费引流工具，不仅可以轻松提升排名到拼多多首页，达到带动整个店铺销量提升的目的，也可以针对店铺中需要打造的爆款或新品进行单品集中引流，从而快速提升单品销量。

9.1 明星店铺：6大步骤，打造平台名片

明星店铺推广是商家在拼多多平台上的一个"闪亮名片"。例如，用户在搜索盼盼、蓝月亮等品牌词时，即可看到相应的明星店铺推广广告位。

9.1.1 明星店铺：最刺激购买欲的推广方式

明星店铺非常适合大品牌和大商家，主要优势如下。

① 刺激用户购买欲。明星店铺推广不仅能够展示店铺海报、推广品牌，还能展示单品、推广热卖款。有购买意愿的用户搜索某个品牌名，如"飞利浦"，即可"霸屏"展示明星店铺广告，强力刺激用户的购买欲，如图9-1所示。

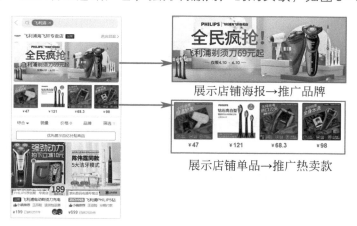

展示店铺海报→推广品牌

展示店铺单品→推广热卖款

图9-1 "飞利浦"的明星店铺推广广告位示例

② 千人千面下的高转化率。不同的用户使用不同的品牌词搜索时，都能够展现品牌的明星店铺推广广告位，同时根据千人千面的搜索逻辑展现不同的推广单品。如某用户直接搜索品牌词，如"李宁"，则下方会展现店铺TOP4的热销单品；如果用户搜索"品牌词+商品词"，如"李宁运动鞋"，则下方会展现4款与关键词相关性最高的产品。

③ 抢占流量先机。商家参与明星店铺推广后，可以反复曝光品牌，让用户产生好奇心，主动搜索品牌名，然后通过明星店铺广告来承接流量，避免精准流量被其他商家抢走。

④ 打造"品牌永动机"。使用明星店铺推广后，商家可以制作一些创意海报，让店铺品牌调性得到充分展示，同时还可以帮助店铺快速"圈粉"，有效

引导买家收藏店铺，积累源源不断的自然流量。

9.1.2 申请品牌词：手把手教你做明星店铺

明星店铺不支持购买热搜词，商家只能申请品牌词，且品牌词后面不能加上拓展词。在发布商品时，如果商家没有找到对应的商品品牌，可以先申请加入品牌库。

① 在"新建商品"界面编辑商品基本信息时，在商品属性的"品牌"下方单击"点击申请"按钮，如图9-2所示。

图9-2 单击"点击申请"按钮

② 执行操作后，进入"品牌申请"界面，选择相应的商标注册地区和所属类目，并填写品牌名、商标注册证号/申请号等信息，单击"提交"按钮，即可申请加入品牌库，如图9-3所示。

图9-3 "品牌申请"界面

提交审核后，平台系统预计会在5个工作日内进行审核，商家需要进行及时关注。商家可以单击"审核记录"按钮进入其界面，查看加入品牌库的审核进度，如图9-4所示。

图9-4 "审核记录"界面

另外，商家也可以在拼多多管理后台的"推广中心→推广计划"界面中，选择"明星店铺"进入其界面，单击"品牌词管理"按钮新建品牌词，如图9-5所示。

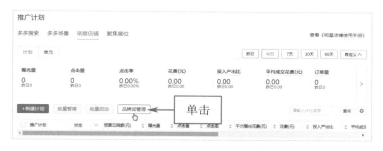

图9-5 单击"品牌词管理"按钮

执行操作后，进入"品牌词管理"界面，❶单击"申请品牌词"按钮，弹出"新建品牌词"对话框，❷在"申请新的品牌词"文本框中输入相应品牌词，❸单击"提交申请"按钮，之后需要系统审核，如图9-6所示。注意，品牌词必须与商标名称完全一致，一个商品注册证对应一个品牌词。

图9-6 申请新的品牌词

9.1.3 创建推广：明星店铺计划创建全流程

店铺类型为旗舰店、专卖店、专营店的店铺可以申请明星店铺、创建明星店铺推广计划，下面介绍具体的操作方法。

① 在"明星店铺"界面，单击"新建计划"按钮进入"新建推广计划"界面，首先设置推广计划的基础信息，包括推广类型、计划名称和预算日限等，如图9-7所示。

② 单击"继续"按钮，进入"推广单元"设置界面，商家可以在此核对店铺信息和修改单元名称，如图9-8所示。

图9-7 设置推广计划的基础信息

图9-8 进入"推广单元"设置界面

③ 在"品牌词"列表框中选择相应品牌词，如图9-9所示。

④ 单击"申请品牌词"按钮，在弹出的对话框中输入相应品牌词，单击"提交申请"按钮，可以在此处申请新的品牌词，如图9-10所示。

图9-9 选择相应品牌词

图9-10 申请新的品牌词

⑤ 设置合适的"千次展现出价"，在"创意"选项区中单击"从本地上传"按钮，如图9-11所示。

⑥ 弹出"打开"对话框，选择相应的创意图片，如图9-12所示。注意，明星店铺的创意图片最小宽度为1080px，最小高度为432px。

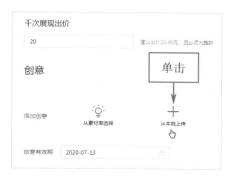

图 9-11　单击"从本地上传"按钮

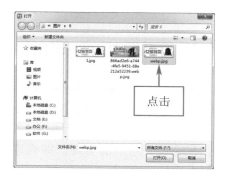

图 9-12　选择相应的创意图片

⑦ 单击"打开"按钮，弹出"裁剪"对话框，商家可以对图片进行适当裁剪，如图9-13所示。

⑧ 单击"确认"按钮，即可添加创意图片，如图9-14所示。

⑨ 在添加创意时，商家也可以单击"从素材库选择"按钮，打开"添加创意"窗口，选择素材库中的创意广告图。

⑩ 设置创意有效期，并单击"完成"按钮，即可创建明星店铺推广计划，其广告创意的展示效果如图9-15所示。

图 9-13　裁剪创意图片

图 9-14　添加创意图片

图 9-15　明星店铺广告创意展示效果

目前，创意有效期默认设置为90天，最高支持设置为180天。需要注意的是，如果创意图片中写明了促销活动的时间信息，创意有效期也要跟此时间一致。

9.1.4　排名规则：CPM明星店铺的展示规则

明星店铺推广具有流量中等（依据品牌词）、花费可控（依据出价）、点击率高（依据创意）、投产比高（产品丰富程度）等优势。

从创建明星店铺推广计划中可以看到，其采用的是CPM（Cost Per Mille，每千人成本）的出价方式，即商家为广告显示1000次所付的费用，综合排名规则如下。

$$明星店铺的排名 = 店铺权重 × CPM出价$$

① 展示位置。当买家搜索相应的品牌词时，将在置顶的banner（网页上的横幅广告）位置上展示店铺创意图片和热销商品。

② 排名规则。旗舰店＞专卖店＞专营店。

③ 扣费规则。根据明星店铺广告创意的实际展现次数计费，点击不收费，"千次展现出价"范围为20 ～ 300元。

商家如想要提高明星店铺推广的转化率，可以尝试从以下两方面入手。

① 根据市场搜索数据优化产品结构。商家可以参考买家对店铺商品词的搜索数据来调整店铺的商品结构，如增加热搜品类和设置引流款等。

② 测图。商家可以多进行广告创意图的测试，找到高点击率的创意。

9.1.5　补充资质：品牌资质及广告资质管理

商家可以进入拼多多管理后台的"推广中心→推广计划→明星店铺"界面，单击"品牌词管理"按钮进入其界面，在此可以查看已经审核通过的品牌词，如图9-16所示。

图9-16　"品牌词管理"界面

同时，商家可以通过品牌资质管理和广告资质管理功能，补充相关资质，提升店铺权重。在"品牌词管理"界面中单击"品牌资质"按钮，进入"店铺信息→品牌资质"界面，单击"新增商标"按钮，即可补充相关品牌资质，如图9-17所示。

图9-17　"品牌资质"界面

专家提醒

如果商家投放了明星店铺推广计划后，发现明星店铺没有获得展示，则可能有以下几种原因。

① 店铺商品标题中没有使用申请成功的品牌词，同时商品数量不足4个。

② 店铺内的商品，不是品牌对应的类目商品。例如，某个电器品牌，如果店铺内的商品为自行车，则该明星店铺无法获得展现。

③ 如果商家的品牌词和推广计划是新申请的，可能系统会延迟展现，延迟时间通常为24小时。

商家对品牌资质进行补充后，还必须补充相应的广告资质，可以进入"推广中心→推广账户→资质管理"界面，查看推广广告资质，如图9-18所示。

图9-18 "资质管理"界面

单击"新建资质"按钮进入其界面，商家可以在此处补充行业资质、媒介资质或数据资质，如图9-19所示。商家可以通过提供正品授权品质保证，让用户放心购买店铺内的商品。

图9-19 "新建资质"界面

例如，选择"数据资质"类型，"子类型"设置为"店铺销量"，单击"下一步"按钮，设置相应的"店铺销量"数据和上传销量截图证明，单击"保存"按钮即可，如图9-20所示。广告资质通过审核后，商家即可创建明星店铺推广计划进行投放。

图9-20 新建广告资质

9.1.6 计划管理：查看投放的明星店铺计划

当商家创建了明星店铺推广计划并进行投放时，可以进入"明星店铺→计划"界面，查看投放计划的相关数据，支持查看昨日、今日、7天、30天和90天的数据，同时还可以批量暂停和批量启动推广计划，如图9-21所示。

图 9-21　明星店铺推广计划管理页面

在推广计划一栏中单击相应的计划名称，即可进入计划详情页，查看单个计划的详细数据，如图9-22所示。

图 9-22　查看单个计划的详细数据

在"推广单元"一栏中选择相应的推广单元，进入单元详情页，在此可以查看明星店铺推广单元的品牌词和广告创意的详细数据，如图9-23所示。

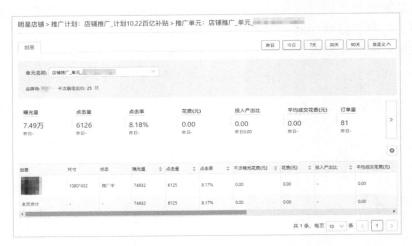

图9-23　查看推广单元的详细数据

聚焦展位是商品上首页的一条捷径，是目前拼多多平台上最优质的广告位，可以帮助商家轻松获得更多曝光机会，快速为商品引流，推爆单品、提升店铺人气。

9.2.1　聚焦展位：稳坐曝光C位的流量神器

聚焦展位凭借优质的推广资源位，能够帮助商家更好地进行店铺或单品的定向推广，主要特点如下。

① 推广基础。广告创意图片展示。

② 推广核心。精准人群定向。

③ 推广方式。面向全网精准流量进行实时竞价。

④ 推广主体。支持对店铺/单品进行投放。

⑤ 推广资源位。App首页banner轮播。

聚焦展位的主要优势如下。

① 高效抓取大流量。聚焦展位覆盖3亿＋庞大用户基数，是用户进入拼多多后必展现的钻石级展位。

② 左右逢源。商家不仅可以通过聚焦展位来推广店铺打造品牌，还可以推广单品打造爆款，实现销量暴增。

③ 正面连锁反应。聚焦展位能够有效引导进店用户收藏店铺，提升免费的自然流量，还可以引发连带效应，通过大流量带动提高产品权重，从而提升其他付费推广的效率。

④ 流量多元化。聚焦展位可以通过多种定向推广抓取精准人群，如竞品的人群、行业潜在消费人群以及店铺本身的用户群等群体。

⑤ 流量可控，成本低。聚焦展位主要按照展现数来计费，点击不收费，商家能够吸引多少流量进店完全由自己来决定。

9.2.2 创建计划：选择推广类型和投放方式

聚焦展位的推广主体包括店铺和单品，商家可以设计个性化的创意素材，并设置好精准的定向人群和出价，让创意能够得到更多曝光，从而实现高效引流。进入拼多多管理后台的"推广中心→推广计划→聚焦展位"界面，单击"新建计划"按钮，如图9-24所示。

图9-24　单击"新建计划"按钮

进入"聚焦展位/新建推广计划"界面，首先需要设置基础信息，包括推广类型、计划名称、投放方式、营销目标、预算日限、投放日期以及投放时段等选项，如图9-25所示。

在推广类型中，包括店铺推广、直播间推广、营销活动页推广以及商品推广4种类型，商家可以根据自己的实际需求来选择。接下来是设置投放方式，包括匀速投放和标准投放两种方式。

图 9-25　设置基础信息

① 匀速投放。优化展现策略，使推广预算在计划所选时段内实现平缓消耗。

② 标准投放。在投放时间内，推广预算可自由消耗，可能会较快的消耗商家的预算。

在营销目标选项区中，可以设置以下 3 种目标类型。

① 曝光优先。在推广时段内，以获取更多曝光为优先目标。

② 量效结合。兼顾考虑获取更多曝光和较高的投入产出比。

③ 效果优先。在推广时段内，优先保证投入产出比。

同时，商家可以通过设置每日投放预算日限、投放日期和投放时段等选项，对聚焦展位推广计划进行消耗和上下线时间的管控。通过投放时段的设置，商家可以自由选择展现广告的时间段，没有选择的时段则不展现广告。

9.2.3　营销活动页：促进店铺流量高效转化

设置好聚焦展位推广计划的基础信息后，单击"继续"按钮，进入"推广单元"设置界面，需要设置推广主体的基础信息和单元名称，如图 9-26 所示。例如，选择营销活动页推广类型后，商家需要设置相应的活动页名称和活动页链接。

单击"活动页名称"按钮，在下面的列表框中可以选择相应平台活动。单击"快速制作活动页"按钮，即可进入"魔方→魔方落地页"界面，如图 9-27 所示。

图9-26　设置推广主体的基础信息和单元名称

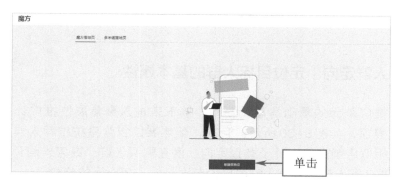

图9-27　进入"魔方落地页"界面

单击"新建落地页"按钮，进入"落地页编辑"界面，商家可以在此设计聚焦展位的营销活动落地页装修效果，如图9-28所示。

图9-28　"落地页编辑"界面

单击"保存"按钮，并返回"魔方落地页"界面，即可看到制作好的营销活动落地页，如图9-29所示。

图9-29　创建营销活动落地页

9.2.4　人群定向：定位目标人群的基本属性

完成推广单元的基础信息设置后，接下来进入聚焦展位推广计划的"人群"设置界面，如图9-30所示。目前，聚焦展位包含系统推荐人群、相似商品定向、相似店铺定向、叶子类目定向、潜在购买人群、进店未购买人群、加强复购人群7类人群，每个人群的出价范围是1 ~ 300元的整数。

图9-30　聚焦展位推广计划的"人群"设置界面

在"人群"列表中，商家可自主选择智能推荐人群进行通投或者定向精准人群进行投放。其中，店铺人群定向包括以下3种方式。

① 潜在购买人群。近90天对商家的店铺有浏览、收藏等行为的用户。

② 进店未购买人群。近7天进店未购买的用户。

③ 加强复购人群。365天内有成交的用户。

聚焦展位的扣费模式同样是CPM，商家可以通过设置精准的人群定向和千次展现出价，来提升推广计划流量覆盖范围的精准性，从而提升商品投放的各项效果。

9.2.5 创意设置：提升聚焦展位的推广效果

聚焦展位推广计划的最后一步为添加创意，商家可以上传提前制作好的广告海报。在"创意"选项区中，单击"添加"按钮，如图9-31所示。

图9-31 单击"添加"按钮

执行操作后，打开"添加创意"窗口，在"选择创意"列表框中选择要添加的多张创意图片，并设置创意有效期，如图9-32所示。

图9-32 选择要添加的多张创意图片

单击"确定"按钮，即可添加静态创意，如图9-33所示。单击"完成"按钮，即可创建聚焦展位推广计划。

图9-33 添加静态创意

另外，商家也可以在"聚焦展位"界面单击"创意管理"按钮进入界面，在此可以添加创意，以及进行品牌资质和广告资质的管理，如图9-34所示。

图9-34 "创意管理"界面

单击"添加创意"按钮可以查看创意样式要求，以及设置创意内容和链接来创建新的创意，如图9-35所示。注意，创意图片必须符合相关的样式要求和广告法要求。另外，如果推广计划里面涉及相关的明星或品牌，必须得到相关的授权。推广创意提交后，必须通过系统审核才可以创建聚焦展位推广计划。

商家在正式投放聚焦展位推广计划前，可以搭配测试创意，找到最佳的创意图片来投放。商家还可以设置不同时段投放不同素材，提升点击率和ROI。

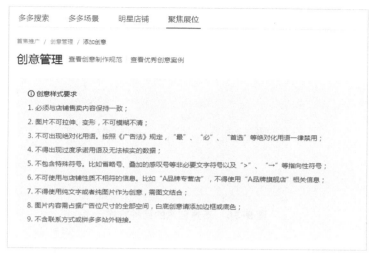

图9-35 创意管理

9.2.6 创意优化：制作高点击率的创意图片

在"创意管理"的"创意内容"列表框中，单击"新建创意"按钮，商家可以选择通过上传图片素材或马良快速制图两种方式，来新建聚焦展位创意图，如图9-36所示。例如，单击"马良快速制图"按钮，即可使用"神笔马良"工具快速制作首页焦点图。

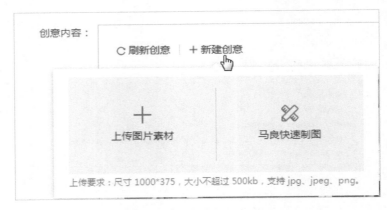

图9-36　新建创意的两种方式

要制作高点击率的创意图，商家首先要注意创意图中各元素的排版布局，下面介绍一些基本的排版方式，如图9-37所示。

图9-37　创意图的常用排版方式

高点击率创意图必须要突出产品的利益点、服务优势和品牌元素，如"低至9.9""第2件半价""1元抢购"等利益点，或者"工厂直供""退货包运费"等服务优势。商家可以将店铺的爆款商品主图放到创意图上，同时在点击后的落地页首屏中展现这个爆款。

商家还可以参加"百亿补贴""9.9特卖""限时秒杀""断码清仓"等活动，突出聚焦展位创意图的活动氛围。同时，在创意图中设计一些按钮箭头图案，可以很好地增强图片的点击效果，让创意图更有吸引力。

第**10**章

多多进宝：
商家赋能快速爆量

"多多进宝"是拼多多为商家提供的一种营销工具，商家可以给推手设定一定的佣金比例和优惠券，让推手来帮助商家分享商品链接，吸引消费者下单，从而实现提升商家营收、推手获利以及买家获得优惠的"三赢局面"。

10.1 快速入门：5个方面，了解多多进宝

多多进宝活动的定位为"按成交付费，携手站外推广，短时间爆量"，参与活动的商品可以提升权重，还能快速上活动、首页和推文等推广资源。多多进宝活动不要求商品有基础销量，非常适合新品推广，引流效果非常好。

多多进宝是一个零门槛、按成交付费的推广工具，可以让众多百万级流量推手帮助商家推广商品。同时，商家还可以拥有不出单不收费、销量权重1：1计算、流量加持以及零销量冲活动等权益。开通多多进宝的主要好处如下。

- 设置佣金吸引推手站外助推，提升商品销量。
- 优惠券刺激站外用户购买，提升商品转化率。
- 高曝光引流促成客户转化，提升商品曝光量。

10.1.1 认识多多客：自买更省钱，推广轻松赚钱

"多多客"是指帮助拼多多商家推广商品，并按成交效果获得个人佣金的推手，包括个人、团队或者公司等，计费方式按CPS（Cost Per Sales，通过实际的销售量进行收费）支付佣金。其中，个人推手以"多多进宝"官方公众号为主要活跃平台，可以在该公众号中直接选择和分享推广商品来赚钱，如图10-1所示。

图10-1 "多多进宝"官方公众号

如果是大型推手团队和公司运作的话，公众号就没有办法满足他们的需求了，他们是通过应用程序编程接口（即API）的方式与多多进宝实现对接。另一方面，很多商家找不到推手，推手也找不到好的品牌，此时就诞生另外一种角色——招商。招商可以作为商家和推手之间的桥梁，帮助商家找好的推手推广商品，同时帮助"多多客"找到好的商品去推广，而招商则向商家收取一定的服务费。

10.1.2　创建活动：连接百万推手，获取站外流量

商家可以制定合理的佣金来吸引推手，通过各种站外渠道来助力商品推广，并通过优惠券刺激站外消费者购买。下面介绍创建多多进宝活动的具体操作方法。

① 进入拼多多管理后台的"多多进宝→进宝首页"界面，在右侧的"推广设置"版块中单击"去设置"按钮，如图10-2所示。

图10-2　单击"去设置"按钮

② 进入"进宝推广设置"界面，选择推广主体，包括通用推广、专属推广、招商推广以及店铺推广等。以通用推广为例，单击"新建通用推广"按钮，如图10-3所示。

图10-3　单击"新建通用推广"按钮

③ 进入"新建商品推广"界面，可以在下方的列表框中选中相应商品，也可以在搜索框中输入商品ID来查询，如图10-4所示。

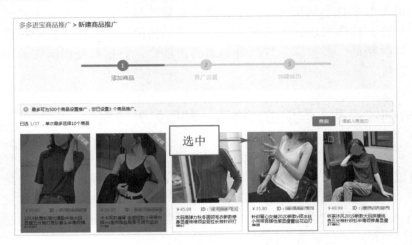

图10-4　选择推广商品

④ 选择要推广的商品后，❶在下方的"设置佣金比率"文本框中输入相应的批量佣金比率，❷单击"下一步"按钮，如图10-5所示。

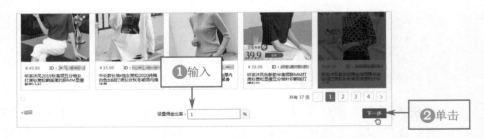

图10-5　设置佣金比率

⑤ 进入"推广设置"界面，在此可以调整单个商品的佣金比率以及添加优惠券，如图10-6所示。添加优惠券能让商品对消费者更有吸引力，能大幅度提升商品购买率。设置完成后，单击"确认"按钮，即可创建多多进宝推广活动。

推手常用的推广场景包括社群、朋友圈、公众号、小程序、导购网站、各类App以及自媒体平台等，他们喜欢高佣金（普遍在30%左右）的商品。同时，商家要注意推广商品的价格、选品和评价，如价格过高的商品即使佣金很高，也难获得很好的转化。因此，商家需要从这些方面去优化商品，并主动寻找好的推手。

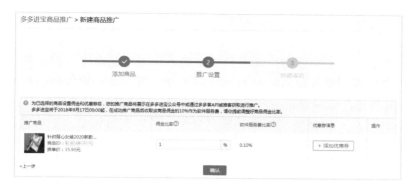

图 10-6 "推广设置"界面

10.1.3　替换团长：寻找优秀多多客推爆你的商品

当商家发现招商的效果比较差时，可以替换解绑招商团长，寻找更优秀的人来合作推广。目前，多多进宝支持商家解绑现有招商团长，替换为其他招商团长，操作后可以立即生效。商家可以进入"多多进宝"商家后台，在右上方单击"我要替换团长"按钮，如图 10-7 所示。然后分别输入"已绑定的邀请码"和"要替换的邀请码"，单击"确认"按钮即可。

图 10-7　替换解绑招商团长

如果在绑定过程中提示"此招商团长没有绑定多多进宝商家的权限"，则商家应该寻找有绑定自己店铺权限的招商团长，或者先与下一任要绑定的招商团长商议好，再进行替换解绑操作。

专家提醒

　　每个商家每个月仅有一次替换机会，替换时必须慎重考虑。

10.1.4 把控效果：用站外推广效果功能实时监控

多多进宝推出了站外推广效果分析功能，可以帮助商家实时掌握主推商品的站外推广效果，查看商品是否得到推手青睐，同时可以提供翔实数据助力商家测款。站外推广效果功能主要包括实时成交、引流转化和推广监控3个部分。

① 实时成交：包括成交笔数、成交金额、预估支付佣金、平均佣金比率等数据情况，如图10-8所示。

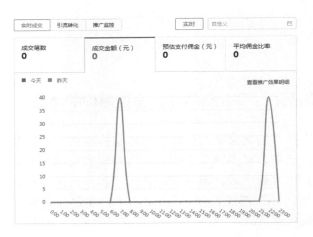

图10-8　实时成交数据

② 引流转化：包括推广商品的点击数、访客数、拼单成功买家数以及访客转化率等数据情况，如图10-9所示。

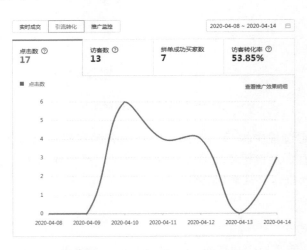

图10-9　引流转化-点击数

③ 推广监控：包括优惠券领取数、优惠券使用量、在推推手数以及商品收藏数等数据情况，如图10-10所示。

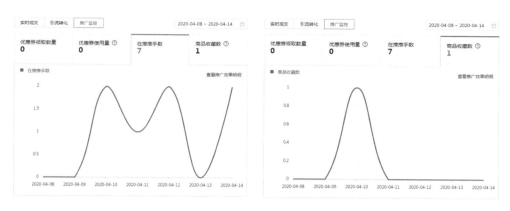

图 **10-10** 推广监控

10.1.5 数据分析：助力商家更好的优化推广效果

商家可以在站外推广效果功能页面中，单击"查看推广效果明细"按钮，也可以在左侧导航栏中选择"多多进宝→推广效果"选项，进入"进宝推广效果"界面，能够查看各个多多进宝活动的推广效果详情数据，如图10-11所示。

图 **10-11** 查看推广效果明细

其中，"预估软件服务费"数据指标会根据推手等级不同，商家实际支付的佣金和软件服务费有所浮动，商家实际支付总金额不变。

切换至"商品数据汇总"选项卡，商家可以在此查看商品成交数据和商品曝光数据，通过分时段展示帮助商家实时监控商品的推广和销量数据，如图10-12所示。

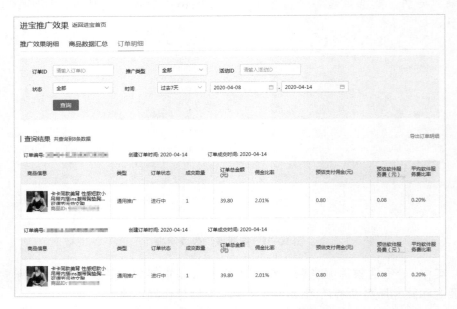

图10-12　查看商品曝光数据

切换至"订单明细"选项卡，可以查询由多多进宝产生的商品订单详情，如图10-13所示。单击"导出订单明细"按钮，可以导出多多进宝的订单报表，帮助商家更好地进行数据分析，作为调整多多进宝活动的推广商品和佣金比率的依据。

图10-13　查询多多进宝订单详情

10.2 推手引流：6大技巧，助力爆款打造

很多商家因为产品没有流量，而经常和主站推出的大流量活动失之交臂。下面笔者将详细讲解多多进宝的基本玩法，揭开多多进宝"快速起量"和"持续爆量"的奥秘，让商家不再为店铺零销量、低销量而发愁，助力商家快速打造爆款。

10.2.1 通用推广：所有推手相同的佣金比率

通用推广主要依托多多进宝合作媒体的推广渠道，为商家带来更多站外优质流量。商家成功设置商品的通用推广计划后，商品将在多多进宝网站和App端获得展示。多多进宝通用推广计划的相关策略如图10-14所示。注意，个人店铺最高只能设置50%的佣金，如有特殊情况，商家可以找对接小二联系开通白名单。

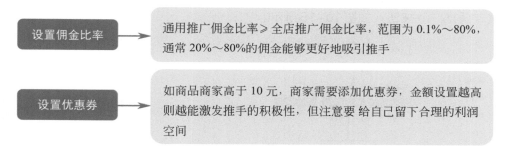

| 设置佣金比率 | → | 通用推广佣金比率≥全店推广佣金比率，范围为0.1%～80%，通常20%～80%的佣金能够更好地吸引推手 |
| 设置优惠券 | → | 如商品商家高于10元，商家需要添加优惠券，金额设置越高则越能激发推手的积极性，但注意要给自己留下合理的利润空间 |

图10-14　通用推广计划的相关策略

商家可以在"推广设置"界面，单击"添加优惠券"按钮创建优惠券，如图10-15所示。注意，优惠券金额不得超过团购最低价格的70%。

图10-15　创建优惠券

单击"发布"按钮进入"添加优惠券"界面，选中"使用"单选按钮，即可为多多进宝的推广商品添加优惠券。

10.2.2　专属推广：专属推手可协商佣金比率

专属推广是指商家可以针对某个专属推手来创建专属推广计划，并在其中设置双方约定好的佣金比率和优惠券，只有对应推广者ID的推手能够获得该计划的推广权限，其他推手则无法获取。

如果商家在推广某个商品时，想要更好地控制商品的推广节奏和销量，来实现特定的推广目标，尽可能避免产生损失，此时专属推广就是不错的选择。另外，对于专属推手来说，还可以打造"独家推广"的宣传噱头，提升推广力度。专属推广能够帮助商家建立和优质推手的良好合作关系，实现双方的预期目标。

商家可以进入拼多多管理后台的"多多进宝→推广设置"界面，单击"新建专属推广"按钮，如图10-16所示。

图10-16　单击"新建专属推广"按钮

进入"新建商品专属推广"界面，选择要推广的商品，单击"下一步"按钮，进入"推广设置"界面。在此输入推广者ID和佣金比率（专属推广佣金比率必须大于等于全店推广），单击"确认"按钮即可，如图10-17所示。

商家与推手之间商定好特定的佣金比例及优惠券金额，佣金比率设置范围为1%～90%。由推手进行推广，商家则凭借专属推广的订单数向推手结算佣金。需要注意的是，商家必须先设置通用推广计划，然后才能设置专属推广。对于有自己的渠道资源的商家来说，专属推广可以帮助他们的商品迅速起量。

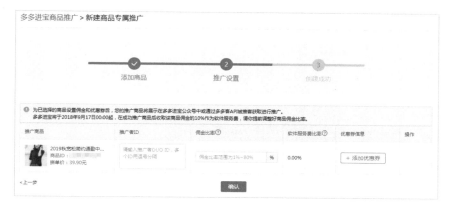

图 10-17　设置商品专属推广计划

10.2.3　招商推广：对接优质商品与推手资源

商家发布招商推广后，由招商团长号召的所有推手，皆可享有该推广计划的佣金比率。商品招商推广计划的主要流程如下。

① 商家提前和招商团长进行联系，并协商招商团长佣金比率、"多多客"佣金比率和优惠券等信息。

② 商家进入后台设置招商推广计划，进入拼多多管理后台的"多多进宝→推广设置"界面，单击"新建招商推广"按钮，如图 10-18 所示。注意，商家需要创建通用推广后，才能新建招商推广。

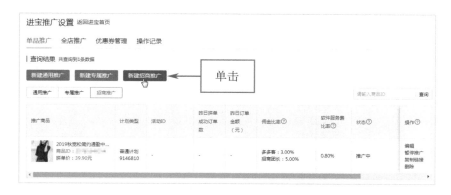

图 10-18　单击"新建招商推广"按钮

③ 添加相应商品后，单击"下一步"按钮，进入"推广设置"界面，在此设置招商团长 ID、佣金比率、软件服务费比率以及优惠券信息，如图 10-19 所示。注意，招商推广"多多客"佣金比率必须大于等于全店推广、通用推广。

设置完成后，单击"确认"按钮，即可创建招商推广计划。

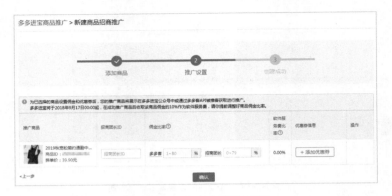

图10-19 "推广设置"界面

④ 同步招商推广计划和招商推广链接给招商团长。在"招商推广"计划列表的操作栏中，单击"复制链接"按钮，即可复制推广商品的分享链接。

⑤ 招商团长分发链接给"多多客"推手，然后由他们转发链接到自己的渠道来推广商品。

10.2.4 全店推广：增加推广效率和商品曝光

开通全店推广计划，可以让商家更容易与推手达成长久合作，从而提高商家的推广效率，以及增加店铺商品的曝光量。在多多进宝的"推广设置"界面中切换至"全店推广"选项卡，即可看到店铺的推广信息，如图10-20所示。

图10-20 "全店推广"选项卡

单击"编辑"按钮，弹出"编辑全店推广"对话框，可以设置全店推广的佣金比率，如图10-21所示。注意，商家在与推手结算佣金时，单品推广计划优先于全店推广计划。

图 10-21　编辑全店推广

10.2.5　店铺折扣券：提升商品吸引力和销量

多多进宝推出"店铺折扣券"功能，商家设置后可以在多多进宝官网显示，可以让推手一键进行全店推广，提高商家的推广效率和引流效果。商家可以进入"多多进宝→进宝推广设置→全店推广"界面，在优惠券信息下方单击"去设置"按钮，弹出"设置优惠券"对话框，单击"新建优惠券"按钮，如图10-22所示。

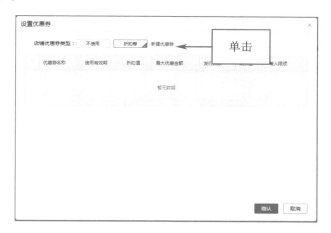

图 10-22　单击"新建优惠券"按钮

弹出"创建优惠券"对话框，设置优惠券类型、优惠券名称、有效期限、折扣值、最大优惠金额、发行张数以及领取量等信息，如图10-23所示。设置完毕后，单击"创建"按钮，即可新建店铺折扣券。

图 10-23　设置店铺折扣券

创建店铺折扣券后，商家可以进入"优惠券管理"界面，切换至"店铺优惠券"选项卡，在此可以查看优惠券的使用情况等数据，也可以在操作区中单击"结束"按钮停止优惠券的领取，如图 10-24 所示。

图 10-24　"优惠券管理"界面

优惠券会通过多多进宝网站显示，推手在官网进入"店铺推广"页面，选择相应店铺后，单击"全店推广"按钮，即可一键进行全店铺的商品推广。另外，推手也可以将生成的链接发送给手机端用户，用户即可在手机端领取该店铺的折扣券。

10.2.6 活动助力：提高商家触达推手的概率

商家可以进入拼多多管理后台的"多多进宝→助力推广→招商活动广场"界面，在此即可看到招商活动的活动信息（活动主题和招商团长信息）、招商团长近30天数据（单品目标完成率、单品平均成交单量、推广商品总数、总成交金额）、报名截止时间、活动起止时间、营销要求（多多客佣金、优惠券面额）等信息，如图10-25所示。

图10-25 "招商活动广场"界面

商家选择要参与的活动后，在"操作"区中单击"立即报名"按钮，即可进入"活动报名"界面。商家可以在此选择商品参与招商活动，并设置费率，即可完成报名操作，如图10-26所示。

图10-26 "活动报名"界面

10.3 组合推广：2大玩法，拓宽流量渠道

商家在使用多多进宝推广引流时，最关心的莫过于这两个问题，即如何运用多多进宝迅速提升商品销量，以及如何运用多多进宝稳住首页流量。简单来说，多多进宝对商品销量的助推作用主要表现在"快速起量"和"持续爆量"两方面。

对于低销量或者是零销量的商品来说，商家比较关心如何用多多进宝来快速起量，这主要是通过优化商品的推广计划、配合推手资源来实现；而老商家更在乎的是如何运用多多进宝来"持续爆量"。本节将介绍正确解锁多多进宝配合其他工具的各种推广玩法，适合各种新老商家使用。

10.3.1 多多进宝+活动：提升商品销量排名

商家可以通过多多进宝配合活动推广，提升商品的销量排名和自然搜索排名。影响类目排名的因素是全维度的GMV，全维度的GMV同时也包括多多进宝的GMV数据。

商家可以先预估或者测试一下，通过多多进宝去提升排名或者通过付费推广去提升排名，哪一个成本更高，哪一个实现推广目标的时间最短。当商家遇到销量瓶颈的时候，也可以通过多多进宝突破瓶颈，提高GMV，从而获得更高的商品排名。

通常情况下，在大促或者大流量活动后，商品销量都会面临下滑的趋势。商家除了用付费推广来提升GMV，应对活动结束后转化率变差的情况外，也可以通过多多进宝来应对，基本策略如图10-27所示。

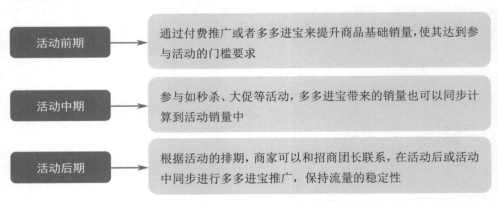

图10-27 多多进宝配合活动推广的基本策略

　　商家要先和团长协商佣金比例，基本在30%左右，服务费一般是1元，服务费需要计算到产品最终的销售客单价里面。然后设置优惠券的比例，通常客单价在10元以内的商品优惠券为1～2元，客单价在20元以内的商品优惠券可设置为2～4元，这是一个正常的推广比例。

　　在活动结束后流量下滑时，商家可以同时配合"多多进宝＋付费推广"，稳定活动原有的数据量，保持ROI持平即可。

10.3.2　多多进宝＋场景：提升产品总体销量

　　商家可以利用多多进宝结合场景推广增加产品的权重，从而提升产品的总体销量。多多进宝是商家推广产品、提高销量的制胜法宝，商家可以自主设置优惠券和佣金比例，实现商品的销售和推手获利的双赢。

　　在使用多多进宝推广时，商家可以配合场景推广，获得更好的引流效果，如图10-28所示。场景推广的综合排名会受到产品销量、点击率、转化率、广告出价等因素的影响。而多多进宝中产生的销量与主站销量具有同等的权重，权重都是1∶1。也就是说，通过多多进宝卖出一件商品，就相当于在拼多多主站卖出一件商品，对于商品站内排名的提升有很大帮助。

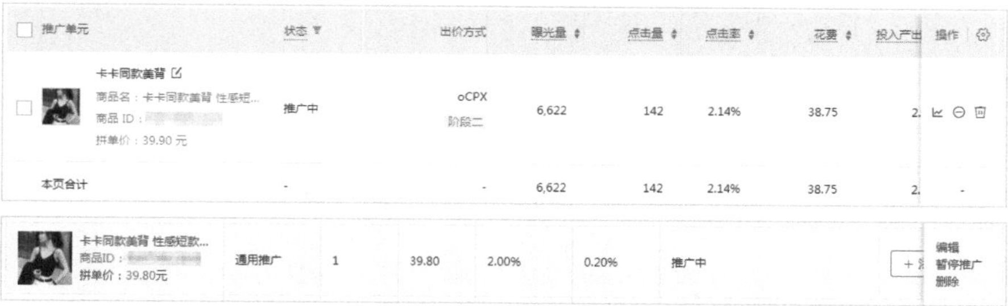

图10-28　通过"多多进宝＋场景"共同推广商品示例

　　商家使用多多进宝推广产品时，可以同时选择场景推广，根据产品进行出价设置。场景推广会根据产品的权重提高，展现量和排名也会随之提高。随着展现量的提升，点击率通常也会提升。

　　如果点击率不升反降，此时商家需要优化创意主图，让点击率保持稳定或者处于不断提升的趋势，从而让产品权重不断走高。点击率提升的同时，商家可以适当调整场景推广的出价，从而提升ROI，放大产品的利润空间。

专家提醒

　　"多多进步＋自然搜索＋场景推广＝综合流量GMV"，这就相当于建房子，商家先通过多多进宝把房子的地基打好，然后通过自然搜索进行房间内部的装修，最后用场景推广进行封顶，从而获得综合流量GMV，得到舒适的入住效果。

第 **11** 章

推广工具：
精细运营提升转化

拼多多除了付费推广工具外，还升级和更新了很多推广赋能工具，可以帮助商家及时发现推广投放中存在的问题及优化方向，了解同行优质竞品的数据表现，做到知己知彼，百战不殆，帮助商家轻松提升推广计划的投放效果！

11.1 推广工具：5个工具，提升推广效果

为了更好地帮助商家引流，拼多多推出了很多推广引流工具和活动。本节将重点挑选一些比较常用的推广工具进行介绍，帮助商家进一步提升推广效果。

11.1.1 操作记录查询：发觉推广操作的问题

商家可以使用操作记录查询工具，实现分广告产品和不同维度查询各种推广操作记录，从而及时发觉推广操作中存在的问题。商家可以进入拼多多管理后台的"推广中心→推广工具"界面，在"推广工具"版块中选择"操作记录查询"工具，即可进入工具主界面，如图11-1所示。

图11-1 "操作记录查询"工具主界面

商家可以在此查看搜索推广、场景展示、明星店铺、聚焦展位以及账户的相关操作记录，进行查漏补缺，不放过任何一个推广细节。例如，在搜索推广的"模块选择"中，商家可以选择查看计划相关、单元相关、关键词相关、人群相关和创意相关的操作模块，在"操作类型"中可以选择添加、更新和删除等操作方式。

11.1.2　搜索行业分析：洞察搜索流量的趋势

市场分析-搜索行业分析工具可以帮助商家了解大盘的流量趋势、爆款特质、消费者购买偏好以及行业一手热词和潜力词等。商家可以进入拼多多管理后台的"推广中心→推广工具"界面，选择"搜索行业分析"工具选项进入其界面，如图11-2所示。

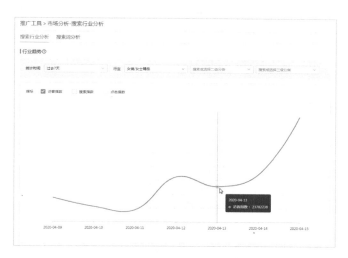

图11-2　"搜索行业分析"工具界面

搜索行业分析包括行业趋势和搜索商品排行榜两个功能。行业趋势显示的一级行业为商家店铺30天销售额最大的类目所属的一级行业。若商家在30天未销售出去商品，此功能会自动关闭。

搜索商品排行榜会统计过去一段时间内行业的热销商品排行榜和拼团商品飙升榜，包括商品排名、名称、订单指数和访客指数等信息，如图11-3所示。

图11-3　搜索商品排行榜

11.1.3 魔方推广工具：轻松搭建营销活动页

魔方即原营销活动页工具，其中提供了丰富的组件和模板，可以帮助商家轻松搭建多商品集合的活动页。商家可以通过魔方工具搭建一个布局清晰的营销活动页，不仅可以推广指定店铺中的热销爆款，还可以让系统根据买家喜好，通过千人千面的推荐机制来抓取店铺内的商品，进行更精准的推广。

进入"魔方"主界面后，商家可以单击"新建落地页"按钮，进入"落地页编辑"界面，左侧为"页面概览"和"组件库"功能，右侧为基础设置窗口，如图11-4所示。需要注意的是，在魔方工具中创建的营销活动页暂不支持删除。

图11-4 魔方工具的"落地页编辑"界面

① 页面概览。显示落地页各个导航模块的名称。如选择"顶部导航"模块后，右侧窗口会展示模块详情，商家可以在此处添加新的标签，如图11-5所示。

② 组件库。包括"商品列表"和"顶部导航"两个组件，其中"顶部导航"组件在一个落地页中最多使用一次。选择"商品列表"组件后，商家可以在右侧窗口中添加商品和进行排序处理，如图11-6所示。

③ 基础设置。在该窗口中，商家可以设置页面名称、页面主题和更换头图。

专家提醒

商家只需使用魔方工具简单编辑广告文案与图片，即可将营销活动页投放到微信、QQ等渠道进行分享推广。

图11-5 "顶部导航"模块设置区   图11-6 "商品列表"组件设置区

11.1.4 平台活动助力：享热门频道超级特权

平台活动助力工具可以帮助商家领取秒杀等活动报名特权卡，商家使用特权卡将享有频道优先排期与更快报活动的特权。商家可以进入拼多多管理后台的"推广中心→推广工具"界面，选择"平台活动助力"选项进入其界面，如图11-7所示。

图11-7 "平台活动助力"工具主界面

同一个商家3天内对于同一个活动只能领取一张特权卡，卡的有效期为3天，商家必须在3天内使用完毕。活动报名特权卡的主要作用为：店铺条件达标后，可抢定向通道活动名额，通过广告营销推广帮助商家提升店铺销量。

11.1.5 营销小助手：发放海量平台营销权益

营销小助手工具提供了多种平台营销活动，为商家发放海量营销权益。商家可以进入拼多多管理后台的“推广中心→推广工具”界面，选择“营销小助手”选项，默认进入“营销活动检测器”界面，如图11-8所示。

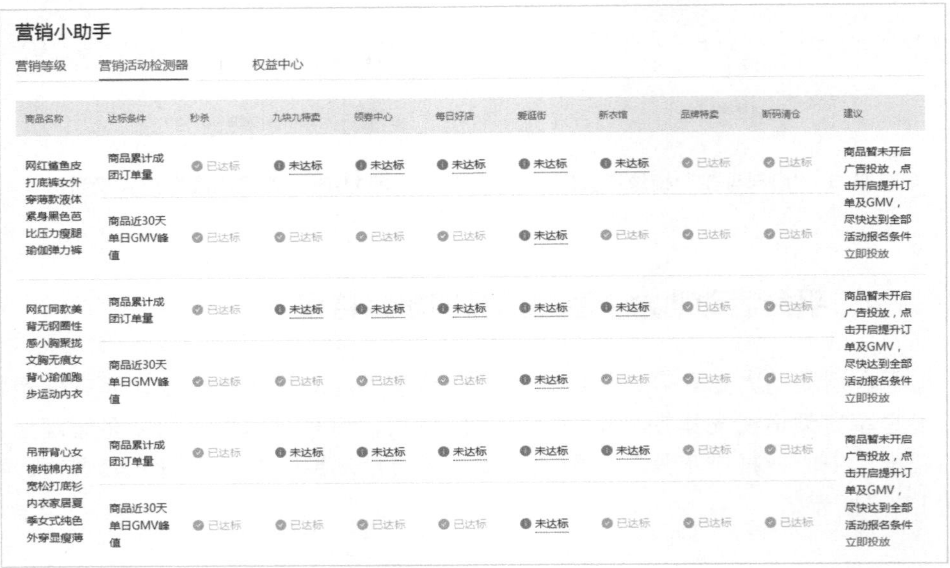
营销小助手

营销等级　营销活动检测器　权益中心

商品名称	达标条件	秒杀	九块九特卖	领券中心	每日好店	爱逛街	新衣馆	品牌特卖	断码清仓	建议
网红鲨鱼皮打底裤女外穿薄款液体紧身黑色芭比压力瘦腿瑜伽弹力裤	商品累计成团订单量	已达标	未达标	未达标	未达标	未达标	未达标	已达标	已达标	商品暂未开启广告投放，点击开启提升订单及GMV，尽快达到全部活动报名条件立即投放
	商品近30天单日GMV峰值	已达标	已达标	已达标	已达标	未达标	已达标	已达标	已达标	
网红同款美背无钢圈性感小胸聚拢文胸无痕女背心瑜伽跑步运动内衣	商品累计成团订单量	已达标	未达标	未达标	未达标	未达标	未达标	已达标	已达标	商品暂未开启广告投放，点击开启提升订单及GMV，尽快达到全部活动报名条件立即投放
	商品近30天单日GMV峰值	已达标	已达标	已达标	已达标	未达标	已达标	已达标	已达标	
吊带背心女棉纯棉内搭宽松打底衫内衣家居夏季女式纯色外穿显瘦薄	商品累计成团订单量	已达标	未达标	未达标	未达标	未达标	未达标	已达标	已达标	商品暂未开启广告投放，点击开启提升订单及GMV，尽快达到全部活动报名条件立即投放
	商品近30天单日GMV峰值	已达标	已达标	已达标	已达标	未达标	已达标	已达标	已达标	

图11-8 “营销活动检测器”界面

在营销活动检测器列表中，系统会针对店铺中的所有商品进行营销活动的门槛数据检测，具体包括秒杀、九块九特卖、领券中心、每日好店、爱逛街、新衣馆、品牌特卖、断码清仓等，检测商品是否达到活动条件，同时给出相关的操作建议。

11.2 营销工具：9个工具，引爆商品销量

拼多多的营销工具以优惠券为主，包括拼单返现、优惠券、限时限量购、多件优惠、限时免单、分期免息、累计全网销量、催付助手以及交易二维码，商家可以选择适合自己的营销工具，更好地提升商品销量。

11.2.1 拼单返现工具：刺激消费，拉动店铺成交额

拼单返现工具是指在一个自然日内，买家在某个商家的店铺累计消费满一定金额，即可获赠一张平台优惠券，优惠券成本由商家自行承担。拼单返现活动对商家的主要好处如下。

① 大流量：活动商品优享搜索提取权，搜索结果会靠前展示。

② 高点击：活动商品将获得专属标签，吸引更多消费者点击。

③ 支付转化：消费者可以获赠平台优惠券，对他们的吸引力非常强。

④ 客单价提升：消费者为了获取平台优惠券，会下单购买更多商品。

⑤ 成交额大幅提升：拼单返现工具可帮助商家提升15%～17%的店铺GMV。

拼单返现营销工具不仅能够为商品带来更多流量和点击量，还能引导用户转化，提升店铺销售额。商家可以设置一个合理的门槛和返现金额，同时可以结合自己商品的利润空间和可让利金额提供店铺券，让买家叠加使用，吸引他们再次复购。

拼单返现营销工具包括单店满返和跨店满返两个功能。商家可以在拼多多管理后台的"店铺营销→营销工具→拼单返现→单店满返"界面中，单击"一键创建"按钮或者"自定义创建"按钮，创建拼单返现营销活动，如图11-9所示。

图11-9 "单店满返"界面

例如，单击"自定义创建"按钮，进入"创建拼单返现"页面，设置相应的返现条件、返现金额、设券张数，系统会自动计算出活动预算金额，如图11-10所示。设置完成后，单击"立即创建"按钮进入充值界面，商家可以选择货款可用余额或微信支付等方式来支付对应预算。

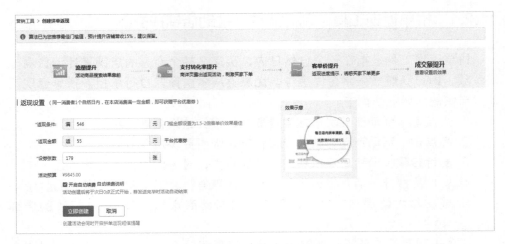

图11-10　创建拼单返现

专家提醒

　　拼单返现活动过程中，活动预算会持续消耗，当本周预算全部消耗完后，活动会暂停。商家可以开启自动续费功能，这样系统每周会自动续费来补足当周的活动预算。拼单返现活动结束后，商家可以从营销保证金账户中将剩余预算提现到银行卡。

　　创建拼单返现营销活动后，会通过标签方式展示到首页、推荐页、搜索结果页、商品详情页中，吸引用户点击，提升商品点击率。同时，创建拼单还会通过拼单返现标签、商详页标签、返现消息提醒、返现进度条提醒以及领券消息提醒等渠道展现商品，刺激用户再次下单，提升店铺客单价。

11.2.2　优惠券工具：快速提升店铺GMV和销售额

　　优惠券是拼多多商家最常用的营销工具，能够快速提升GMV和销售额，是商家打造爆款的"不二法宝"。拼多多的优惠券类型非常多，具体如图11-11所示。

　　① 商品立减券。针对单一商品使用的无门槛优惠券，可以帮助商家实现爆款促销和交易额破零等目标。

　　② 全店满减券。消费者在店铺内消费达到一定金额后可使用，这种凑单优惠的形式能够提高客单价。

图 11-11 "优惠券概览"界面

③ 店铺关注券。消费者关注店铺即可获得的优惠券,能够帮助商家快速获取大量粉丝。

④ 多件多折券。消费者一次买多件商品可享受折扣优惠,购买越多折扣越大,能够有效提升客单价。

⑤ 拉人关注券。消费者为店铺拉来粉丝可获得的无门槛券,能够让店铺实现裂变吸粉。

⑥ 拼单券。消费者邀请好友拼单成功即可获得的无门槛券,可以鼓励消费者分享拼单。

⑦ 领券中心券。通过领券中心资源位形式对消费者发送的商品券,可以获取高额流量。

⑧ 省钱月卡商品券。在省钱月卡页面向消费者发放的高额无门槛商品券,通过优惠券可以吸引用户关注店铺,从而帮助商家获取粉丝。

⑨ 私密券。商家通过私人渠道分发给亲朋好友或老客粉丝的店铺券或商品券,适用于有大量私域流量的商家。

⑩ 短信直发券。通过短信渠道发送的优惠券,商家可以持续通过这种优惠券关怀用户,提高消费者复购行为。

⑪ 客服专用券。客服聊天场景专用的店铺券或商品券,主要用于安抚客户

投诉，减少店铺差评。

⑫ 订单复购商品券。通过大额商品券吸引消费者，提升复购行为。

例如，商品立减券主要针对单品使用，同时也是一种间接、灵活的价格调整策略，能够帮助商家有效打败竞品和打造爆款。商家可以在"优惠券概览"界面中，选择"商品立减券"并单击"立即创建"按钮，填写相应的优惠信息，如图11-12所示。"商品立减券"的信息包括优惠券类型、优惠券名称、领取时间、添加商品、每人限领等，单击"创建"按钮即可创建优惠券。

图11-12　创建优惠券

11.2.3　限时限量购：低价促销，换取高下单转化率

限时限量购是一种通过对折扣促销的产品货量和销售时间进行限定，达到"饥饿营销"的目的，可以快速提升店铺人气和GMV。商家可以在拼多多管理后台的"店铺营销→营销工具"界面，单击"限时限量购"按钮进入其界面，单击"立即创建"按钮，如图11-13所示。

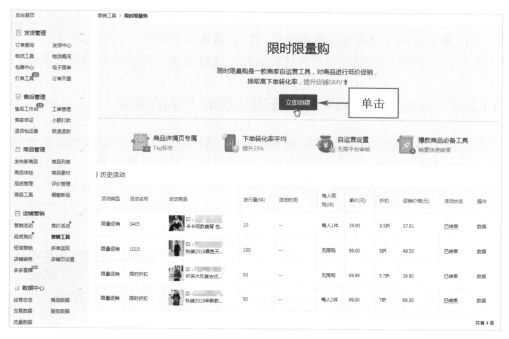

图 11-13　单击"立即创建"按钮

执行操作后，进入"创建限时限量购"界面，设置活动类型、活动名称，并添加商品，单击"创建"按钮即可，如图11-14所示。创建限时限量购活动后，商家可以获得独有标签，吸引更多消费者点击。

图 11-14　"创建限时限量购"界面

限时限量购的活动类型包括以下两种。

① 限量促销：对一定数量商品进行打折销售，售卖完毕后恢复原价。

② 限时促销：在规定时间内对商品进行打折销售，时间结束后恢复原价。

11.2.4　分期免息工具：减少压力，增加下单的欲望

商家使用分期免息工具后，买家在下单时即可使用花呗分期支付。商家可以进入拼多多管理后台的"店铺营销→营销工具→分期免息"界面，找到对应的商品，选择免息期数即可，如图11-15所示。

图11-15　"分期免息"工具设置界面

需要注意的是，虚拟商品、二手商品及SKU（Stock keeping Unit，库存保有单位）最低价低于500元的商品不可设置分期免息。另外，若商家设置了免息规则，需要自行承担分期手续费，同时平台不再收取0.6%的支付服务费，否则将由买家承担分期手续费。

11.2.5　多件优惠工具：阶梯优惠，有效刺激客单价

商家可以进入拼多多管理后台，在左侧导航栏中选择"店铺营销→营销工具"选项进入其界面，在右侧窗口中选择"多件优惠"工具即可进入其界面，单击"创建"按钮，如图11-16所示。

图 11-16　单击"创建"按钮

执行操作后，进入"创建多件优惠"操作界面，商家需要设置相应的优惠活动信息，包括活动时间、活动商品、优惠设置和活动备注，如图11-17所示。设置完成后，单击"创建活动"按钮，即可创建多件优惠活动。

图 11-17　创建多件优惠活动

从图11-17中可以看到，多件优惠的优惠类型可以分为两种不同的形式，分别为减钱和打折。

① 减钱：在商品页中展示"第2件减 × 元"标签。

② 打折：在商品页中展示"第2件打 × 折"标签。

另外，根据爆款产品的推广节奏，商家可以在多件优惠的阶梯设置中设置不同的阶段优惠力度，如图11-18所示。阶梯设置最多只能设置4个阶段，即多件优惠最多只支持5件商品。如果买家购买了6件商品，那么第6件商品是没有优惠的，必须全款购买。

图 11-18　多件优惠的阶梯设置

多件优惠活动针对的是一个订单，而不是多个订单。也就是说，买家如果分别多次对同一个商品下单，是无法享受多件优惠活动的。

11.2.6 交易二维码：安全可靠，让商品交易更便捷

交易二维码是一个商家交易综合管理工具，消费者扫码后可直接生成订单并付款给商家，让交易更便捷。商家可以进入拼多多管理后台的"店铺营销→营销工具"界面，选择"交易二维码"工具进入其界面，单击"确认开通"按钮即可生成二维码，如图11-19所示。

图11-19 "交易二维码"工具界面

开通"交易二维码"后，商家可以下载店铺专属二维码，让消费者扫码付款。例如，某个买家在拼多多上买了一台洗衣机，商家在线下渠道给买家发货并安装后，如需直接向买家收取额外的安装服务费用，就可以直接展示交易二维码，向买家收取差额费用，而买家不需要再通过拼多多App另外下单补差价。

11.2.7 限时免单工具：返回等价优惠券，积累人气

限时免单活动是指买家在活动时间内购买指定商品，系统从成团订单中抽取一定数量的订单，返回与商品等价的平台优惠券，优惠券的资金成本由商家承担。商家可以进入拼多多管理后台的"店铺营销→营销工具→限时免单"界

面，在此可以看到限时免单活动的概念、流程和报名入口，单击"创建活动"按钮，如图11-20所示。

图11-20 单击"创建活动"按钮

执行操作后，进入"创建限时免单活动"页面，商家需要根据相关要求填写活动列表信息和进行免单设置，如图11-21所示。设置完成后，单击"创建"按钮即可。注意，对于参与限时免单活动的商品，拼多多并没有为其提供专区进行展示，而只会在商品的详情页面中显示活动标签。

图11-21 "创建限时免单活动"界面

活动结束72小时后，系统会按照商家的活动设置来抽取中奖用户，并向其发放平台优惠券，优惠券金额等同于用户支付的订单金额。参与限时免单活动后，商品可以获得活动标签展示，增加转化率。同时，限时免单活动还可以吸引消费者多次下单购买，将其转化为店铺的忠实粉丝。

11.2.8　催付助手工具：高效挽回流失，提升销售额

催付助手工具包括短信催付和客服催付两个功能，可以帮助商家或客服实现一键批量催付功能，高效挽回流失客户，提升销售额，如图11-22所示。

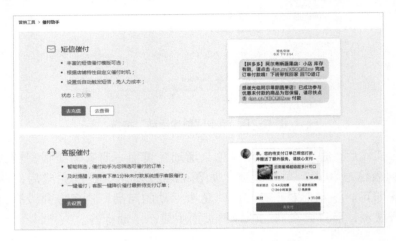

图11-22　"催付助手"工具主界面

① 短信催付。商家可以根据店铺特性选择或自定义设置短信催付模版，达到规则后将自动触发短信，提醒买家及时付款，如图11-23所示。

② 客服催付。消费者下单1分钟未支付且订单商品已配置催付，系统将提示客服催付。客服可以查看待办任务列表，并单击"一键催付"按钮，系统将自动发送催付卡片，如图11-24所示。消费者收到系统发送的催付卡片后，可以单击"立即拼单"按钮即可完成支付。

图11-23　短信催付功能设置界面

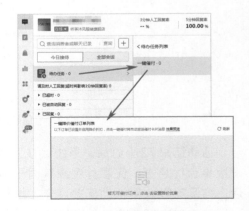

图11-24　查看待办任务列表

在"催付助手"工具界面，商家可以单击"客服催付"中的"去设置"按钮，进入"客服工具→催付助手"界面，在降价催付商品列表中选择相应商品，单击操作栏中的"启用"按钮即可，如图11-25所示。单击"编辑"按钮，弹出"编辑商品规则降价优惠"对话框，系统会预填充一个降价折扣推荐值，商家可根据实际情况进行修改，最终催付时以催付价格为准，如图11-26所示。

图 11-25   降价催付商品列表

图 11-26   编辑商品规则降价优惠

11.2.9　累计全网销量：获得额外流量，提高转化率

商家可以使用累计全网销量工具绑定第三方平台店铺，累计第三方店铺同款商品的销量，计算公式为"全网累计销量＝第三方平台销量＋拼多多已拼销量"。累计全网销量工具有助于提升商品权重和搜索排名，增加商品的曝光和流量，以及提升商品详情页的转化率。

商家可以进入拼多多管理后台的"店铺营销→营销工具→累计全网销量"界面，进行第三方平台身份验证，来绑定第三方平台店铺，如图11-27所示。

图11-27　"累计全网销量"设置界面

绑定第三方平台店铺后，通常需要3～7天的时间才能看到累计全网销量。商家可以进入拼多多管理后台的"店铺管理→店铺信息→基本信息"界面，在第三方平台店铺选项右侧单击"累计全网销量"按钮进行查看，如图11-28所示。

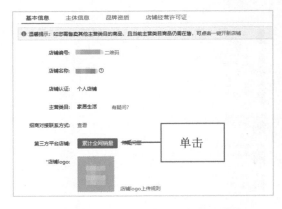

图11-28　单击"累计全网销量"按钮

第12章

推广活动：
挖掘更多隐性流量

在移动互联网时代，电商的营销不再是过去那种"砸墙抢夺流量"的方式，而是以粉丝为核心，所有商家都要积极打造忠诚的粉丝社群体系，这样才能让店铺走得长远。在拼多多平台上，做活动营销就是一种快速获得粉丝的方法，能够挖掘平台上的更多隐性流量，给产品和店铺更多展示的机会，让商家彻底抓住粉丝的心。

拼多多的活动分为很多种，不同的活动会针对不同的商家群体，如营销活动、类目活动、社交活动、竞价活动和店铺活动等，平日还有花样不断的各种促销活动，很多活动都是需要商家自己主动提报的。对于商家来说，活动不要嫌少，这是一个很大的逆袭机会。

12.1.1 活动分类：选择合适的活动参与

拼多多的活动可以分为平台活动和店铺活动两大类，下面分别进行介绍。

（1）平台活动

平台活动是拼多多平台开辟的单独资源位，用来帮助商家推广活动产品，具体包括以下几类。

① 营销活动。包括9块9特卖、领券中心、爱逛街、限时秒杀、品牌特卖、断码清仓、每日好店、电器城、大促活动等。

② 类目活动。包括"男人节活动""个护单品限量抢"等。

③ 社交活动。包括砍价免费拿、助力享免单、一分钱抽大奖、多多果园、多多旅行、多多矿场、多多爱消除、天天领现金、多多赚大钱等。

④ 竞价活动。对于那些刚上架的没有流量和销量的商品来说，竞价活动是一种很好的引流方式，可以让优质商品一步登上首页的顶级热销资源位。商家可以在拼多多管理后台的"店铺营销→竞价活动"界面，在"我的积分"选项区中单击"报名竞价"后的"前往报名"按钮，然后填写相应竞品信息进行报名，如图12-1所示。

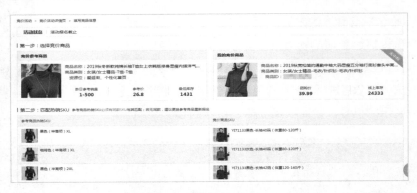

图12-1 填写竞品信息

⑤ 品质招标。很多商家由于产品成本和销量问题，错过了很多优质的活动资源，此时不妨参与品质招标活动。品质招标活动的门槛比较低，商品不用降价，也无需销量要求，都可以报名参加。不过，品质招标活动非常注重商品品质，其活动入口为"拼多多管理后台→店铺营销→品质竞价"，如图12-2所示。

图 **12-2** "品质招标"活动入口

另外，根据活动的持续时间，拼多多平台活动又可以分为长期活动和短期活动。

① 长期活动。是指可以让商品长期在活动资源位上进行推广，获得长久的流量曝光。如断码清仓的日常精选、每日好店的好店精选、爱逛街的特价精选、领券中心和电器城等。

② 短期活动。是指活动的资源位有一定的时间限制。商家可以通过价格让利的方式，来实现商品销量的快速累积，如断码清仓的"大牌清仓日"、每日好店的"神券好店"、爱逛街的"超值量贩"、电器城的"超级爆品"、限时秒

杀以及品牌特卖等。

商家在选择活动时，最好进行长远规划，搭配各种短期和长期活动，来实现不同的营销目标，让店铺能够获得更长久的稳定利益。

（2）店铺活动

店铺活动主要是利用优惠券等营销工具来展开活动，具体包括优惠券、拼单返现、多件优惠、限量促销、限时免单等。

12.1.2　报名准备：更加顺利地参与活动

商家在报名参与活动之前，还需要做好一系列的准备工作，以便更加顺利地参与活动，获得更好的推广效果。

拼多多活动推广的基本准备工作如下。

① 商品优化。包括选择合适的商品参与活动，筛选精准的关键词制定商品标题，商品图片的拍摄，以及主图和详情页的装修设计等。

② 客服培训。安排好活动客服人员，并针对具体的活动类型进行培训，让他们清楚活动的玩法和流程，能够轻松应对买家的各种问题。

③ 仓储发货。活动期间的订单量非常大，商家一定要提前备货，做好店铺的仓储管理，同时对接好快递公司，保证发货速度。

④ 活动预热。在活动前期，商家可以通过店铺装修设计来营造活动气氛，用营销工具来引流推广，提高店铺和商品的收藏量，从而提升人气。

12.1.3　抢占流量：选择优质活动资源位

拼多多平台上的每个活动都有自己独特的优势，商家只要利用得当，都可以在这些活动资源位中抓取到巨大的流量，从而提升商品的GMV。

下面介绍选择活动资源位的基本思路。

① 选择活动类型。大部分的活动都是有门槛的，对店铺类型和商品有一定的要求，商家可以先圈选出自己能够参与的活动。

② 资源位的定位。商家可以根据平台活动的资源位定位特点进行筛选，找到与自己商品契合度高的活动。例如，商家主推的是应季新品，那么很适合参与爱逛街的"超值量贩"资源位活动。

③ 活动目的规划。商家根据自己参与活动的目的，如提升权重、制定用户画像、累计基础销量、提高店铺人气、清理库存或者测款等，并结合活动定位，来选择最终要参与的活动资源位。

12.1.4　活动门槛：成功报名活动的前提

　　虽然活动资源位的流量是免费的，但商家在报名时，系统针对店铺和商品都是存在门槛的，通常会要求商家做好活动准备、满足平台规则以及达到活动的考核条件。商家也可以努力提升自己店铺的DSR、近90天的有效评价数以及活动商品的基础销量，从这些方面来突破门槛，成功报名活动。

　　具体来说，商家可以从提高参与活动的商品销量和好评率两方面入手，作为突破活动门槛的切入点。

　　① 提升销量。商家可以从社交媒体和多多进宝两方面入手提升新品的销量，如通过站内的付费推广流量，站外的微信朋友圈、QQ空间、抖音和今日头条等渠道为商品引流，为新品累积基础销量。

　　② 增加好评率。商家需要做好商品详情页的真实描述，使商品能够符合买家的心理预期，同时做好物流服务、客服服务和售后服务，为买家带来更加优质的购物体验，争取到他们的好评。

　　另外，新品也不是完全没有可参与的活动，如9块9特卖（必抢超低价和生活小妙招资源位）、每日好店和秒杀活动，这些活动资源位对于DSR没有要求，商家可以根据需求来选择报名。

　　例如，每日好店就是针对那些风格统一、品类统一、质好价优的店铺推出的活动频道，可以帮助商家实现全店曝光，快速积累粉丝，抓住精准流量，提高转化率和店铺销售额，如图12-3所示。

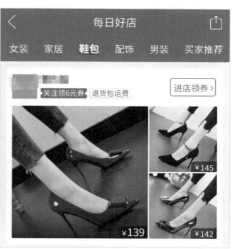

图12-3　每日好店的部分资源位

新店铺在没有DSR的情况下，也可以通过寄样或者提供站外的同店链接等方式，证明店铺的商品质量，从而获得每日好店活动的参与资格。

12.1.5　完善细节：提高活动报名通过率

很多商家信心满满的报名参与活动，但不久便被系统驳回了报名申请，这通常都是他们没有注意活动的细节要求而导致的。因此，商家在参与活动时，还需要注意一些事项，避免自己精心准备的活动无法参与，从而错失了大量流量。

例如，爱逛街和9块9特卖这两个活动常见的驳回原因有：图片上有"牛皮癣"（图12-4）、采用过多的拼接图、价格高于站内同款商品、款式重复以及商品属性描述不明确等。

图12-4　错误案例"牛皮癣"（左图）和正确图片案例（右图）

活动的审核包括系统审核和人工审核两个环节，报名后首先进行系统审核，系统会自动驳回不符合系统规范的活动商品。商品通过系统审核后，接下来进入人工审核阶段，工作人员会针对活动商品的选品、SKU和库存、标题、图片、价格和评价等方面进行核实，商家也可以针对这些方面进行优化，提高报名通过率。

12.2 活动营销：10大玩法，引流不求人

拼多多的推广活动显而易见，都有极强的社交互动属性，通常会要求消费者分享活动，发动多人共同参与，从而帮助商品或店铺实现裂变传播引流，吸引更多潜在客户进店消费，迅速提升商品的销售额。

12.2.1 百亿补贴：平台加码补贴商家

"百亿补贴"活动是指拼多多官方给提供优质商品的商家进行精准补贴，报名成功的商品能够在站内外各个渠道获得更多免费流量，以促进商品有更好的销量。

参与"百亿补贴"活动的商品，平台会在成本价的基础上给予一定比例的补贴，帮助消费者买到更具价格优势的品牌商品。针对参与活动的商品补贴款，商家可以自主选择发放形式，包括"推广红包"和"货款汇入"两种方式。

"百亿补贴"活动的报名入口为"商家管理后台→营销活动→平台补贴"，商家可以进入报名页面查看具体的活动报名要求，如图12-5所示。

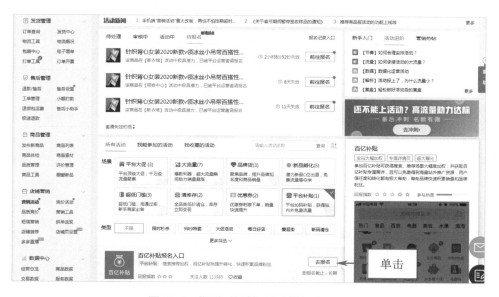

图12-5 "百亿补贴"活动的报名入口

选择"百亿补贴"活动后，单击"去报名"按钮，进入"百亿补贴报名入口"界面，单击"立即报名"按钮，选择活动商品，并提交报名信息，即可快速报名，如图12-6所示。

图12-6 "百亿补贴报名入口"界面

报名"百亿补贴"活动成功后，商家不仅可以获得相应标签，还将获得优先审核权和更高的审核通过率，以及在各频道、搜索和推荐场景中获得更大的加权权重，如图12-7所示。需要注意的是，"百亿补贴"的资源位只会展示报名的商品SKU，没报名的商品SKU不会展示。

图12-7 "百亿补贴"活动的首页资源位和商品详情页

12.2.2 限时秒杀：大流量和快速成单

限时秒杀活动的定位为"大流量和快速成单"，适用于有一定出货能力且需要快速积累销量的质优价好的商品。限时秒杀活动的流量入口位于App首页导航栏的第一个位置，不仅拥有千万级流量，而且转化率非常高，其频道页面如图12-8所示。

限时秒杀活动频道页面中包括正在疯抢、即将开抢、更多预告、万人团和品牌秒杀等资源位

图12-8　限时秒杀活动的频道页面

限时秒杀活动针对所有拼多多商家开放，报名门槛比较低，可以帮助商家提升商品的搜索排名，助力商品冲刺分类页排序，同时还会增加商品的个性化推荐权重。注意，限时秒杀活动对于商品有一些基本要求和审核标准，包括价格、标题、图片和库存等，具体要求商家可以进入活动报名页面查看，如图12-9所示。

图12-9　限时秒杀活动报名页面

12.2.3　断码清仓：集中处理品牌尾货

"断码清仓"是平台打造的一个"电商清仓卖场"，活动入口位于拼多多首页的第二个icon（icon是一种图标格式，这里指拼多多的首页图标按钮）位，同时，商家参与"断码清仓"活动后，可以获得拼多多App和官方公众号的长期推送，以及大促期间的导流支持和首页长期导流banner，能够覆盖千万消费者。"断码清仓"活动的流量庞大且稳定，非常适合商家快速集中清掉知名品牌断码货、尾货。活动的报名流程如图12-10所示。

图12-10　"断码清仓"活动的报名流程

在"断码清仓"活动报名页面中，单击"立即报名"按钮，进入"选择商品"界面，❶商家可以在"可参与活动的商品"列表中选择相应的商品，❷然后单击"确认选择"按钮，如图12-11所示。

图12-11　选择商品

执行操作后，进入"提交报名信息"界面，设置相应的品牌、活动价、活动列表图、联系方式和商品属性等选项，单击"提交报名"按钮即可，如图12-12所示。需要注意的是，参与"断码清仓"活动的商品活动价必须设置在品牌应季品价格的1～5折，否则报名申请会被系统驳回。

图 12-12 提交报名信息

12.2.4 多多果园：趣味社交好处多多

"多多果园"的活动入口位于拼多多首页以及"个人中心"界面，这些都是高曝光资源位，参与活动即可坐拥超高流量。"多多果园"活动可以帮助商家轻松提升销量，活动商品均会计入店铺销量。只要成为"多多果园"的供货商家，平台会报销商品成本和运费成本，帮助商家降低推广成本。

进入"多多果园"活动界面后，用户可以在此种植和培养树苗，当树苗长大结果后，用户可以获得免费的水果，如图12-13所示。点击"领水滴"按钮，可以通过完成各种活动任务，如添加好友、每日免费领水、寻找宝箱、收集水滴雨以及邀请好友来种树等，获得对应的水滴道具奖励，如图12-14所示。

图12-13 "多多果园"活动界面

图12-14 "领水滴"任务

另外，点击"多多果园"活动界面右上角的"助力领水"图标，可以邀请好友助力，获得水滴和化肥等道具奖励，如图12-15所示。点击"多多果园"活动界面右上角的"水滴"图标，用户还可以进入限定页面完成拼单任务，获得水滴和化肥等道具奖励，如图12-16所示。

图12-15 "助力领水"活动

图12-16 拼单任务活动

上面介绍的只是多多果园的部分广告资源位，其中还有很多趣味社交活动，都包含了丰富的广告资源位，很适合商家植入各种场景推广。

目前，只有水果生鲜和食品保健这两个主营类目的商家能报名成为多多果园供货商，而且必须缴纳店铺保证金，同时对于客服回复率、客服投诉率、DSR评分等指标均有一定的要求。"多多果园"活动的具体商品要求如下。

- 线上的商品库存 > 1000件。
- 商品必须处于上架状态。
- 活动时不得随意减少库存和下架商品。
- 报名商品近30天描述评分，需符合所在商品三级类目最低要求。
- 商品要满足平台颁布的【招标商品清单】要求。
- 商家要确保商品描述与实际发货商品相符。

满足要求的商家可以联系对接运营人员，报名参与"多多果园"活动，然后接受平台的审查，审核通过后会陆续开始派单。

其他商家可以进入"拼多多管理后台→推广中心→推广计划→多多场景"界面新建推广计划，并且在"资源位及人群"模块的"资源位溢价"选项区中，选中"营销活动页"复选框，设置合适的溢价比例，将商品推广到"多多果园"的广告资源位上，如图12-17所示。当然，营销活动页的展示结果是千人千面的，不一定会展现到"多多果园"，也有可能是现金签到或者"金猪赚大钱"等资源位。

图12-17 选中"营销活动页"复选框

12.2.5 9块9特卖：极致性价比小商品

9块9特卖活动的定位为"低价物美的小物频道"，适合价格在29.9元以下的小商品，其中价格不超过10元的商品非常好卖，其活动资源位如图12-18所示。

图12-18　9块9特卖活动的部分资源位

商家可以在拼多多管理后台的"店铺营销→营销活动"界面，在"我能参加的活动"下方单击"9块9特卖"标签，即可看到自己当前可以参与的9块9特卖活动的报名入口，如图12-19所示。

图12-19　9块9特卖活动的报名入口

以"九块九×美颜节爆款直降链接"活动为例，选择该活动后进入报名页面，商家可以单击"收藏"按钮收藏该活动，同时还可以在下方查看相关的活动介绍、活动要求和报名记录，如图12-20所示。

图 12-20　"九块九 × 美颜节爆款直降链接"活动的报名页面

单击"立即报名"按钮，进入"选择商品"界面，商家在此选择活动商品，并提交报名信息即可参与活动。如果商家没有看到可参与活动的商品，可以进入"不可参与活动的商品"界面，单击"查看原因"按钮，查看不可参与活动的具体原因，如图 12-21 所示。

图 12-21　查看不可参与活动的具体原因

　　9块9特卖活动的基本要求为：店铺需要开通并使用电子面单服务；店铺不得处在处罚期；店铺近90天描述、物流、服务评分要高于行业平均水平的25%；医药健康类目店铺需有相关资质才可报名。

12.2.6 多多爱消除：吸引用户互动参与

"多多爱消除"是位于拼多多首页的一款趣味社交活动，用户不仅可以吸引好友一起互动，还可以从中获取收益与优惠券奖励，吸引大量用户参与，如图12-22所示。用户可以将小游戏的链接分享给好友，越多好友点击链接，则用户获得大量道具奖励的机会就越高。

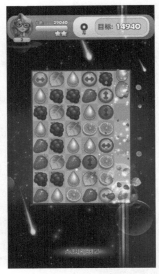

图12-22 "多多爱消除"活动界面

"多多爱消除"不是单纯的现金激励，而且通过趣味游戏来增强用户的互动性，通过社交游戏和电商的结合，让用户获得边玩边买的娱乐消费体验。用户通关越多，抽奖的门槛也会越高，这也符合一般游戏的逻辑，使其吸引力更大，满足用户的挑战心理。

同时，用户可以在限定时间内邀请好友助力来获得"钻石"道具，以及"召回用户有奖"的弹窗提示，这些都能够帮助平台快速拉新，并且促进社交关系沉淀，提升用户留存。

12.2.7 天天领现金：游戏化的营销活动

拼多多平台的定位为"社交电商"平台，因此在首页放置了大量的社交营销活动，"天天领现金"活动就是典型代表。用户参与"天天领现金"活动后，可以通过领取好友分享的红包或者邀请好友助力的方式获得现金奖励。

"天天领现金"的活动玩法简单有趣，主要包括以下几种。

① 整点福利。每到整点时，用户都可以领红包，如图12-23所示。

② 百万红包雨。每天会定期开放"红包雨"活动，用户可以点击"从天而降"的红包，然后分享给好友，即可打开红包，如图12-24所示。

图 12-23　整点福利

图 12-24　百万红包雨

③ 猜红包。玩"猜红包"游戏，从3个红包中找到有现金的红包，即可获得对应的奖励，如图12-25所示。

④ 抢现金礼包。购买无门槛券，即可获得提现加速红包，如图12-26所示。

图 12-25　"猜红包"游戏

图 12-26　抢现金礼包

⑤ 福利红包。通过"多多赚大钱"活动，获得现金红包，累积到"天天领现金"红包余额中。

⑥ 面对面扫码。生成一个二维码，好友可以使用微信扫一扫功能扫描二维码，为用户助力，可以获得超大金额红包。

⑦ 月卡福利。开通拼多多月卡，可以领取额外的红包奖励。

⑧ 拼小圈红包。免费开通"拼小圈"功能，即可领取相应的红包奖励。

⑨ 寻找福星。邀请"幸运福星"的好友助力，领取超大额度的现金奖励。

⑩ 明星送现金。观看明星推广视频，看完后即可获得红包奖励。

当用户通过完成各种任务，在24小时内红包的总金额达到100元以后，即可提现到微信零钱中，如图12-27所示。注意，红包只会保留72小时，如果用户逾期未进行提现，则所累积的现金会失效。

图12-27　现金红包满100元即可提现

"天天领现金"活动入口1在拼多多App首页，活动入口2位于个人中心页，这些资源位都可以给商品带来高额流量。同时，在用户分享活动和邀请好友过程中，能够让更多人看到活动和快速参与到活动中，从而让商品获得更多曝光量。

12.2.8　砍价免费拿：形成裂变引流效应

很多人第一次接触拼多多大都是在微信群和朋友圈里面，一些亲朋好友发来的"砍价免费拿"活动链接。用户只需在24小时内邀请到足够多的朋友帮忙"砍价"，即可免费获得商品，如图12-28所示。这些帮忙"砍价"的用户，在"砍价"的同时，也就会注册为拼多多的用户。

图12-28　"砍价免费拿"活动

"砍价免费拿"活动是一种非常重要的营销手段，商家可以在拼多多中发布需要推广的产品或服务，然后制定一个原价与活动优惠价，并规定相应的砍价人数。用户打开活动链接页面后，可以将其分享给微信和QQ好友，邀请他们帮助你一起砍价。邀请的人数越多，则可以砍到更低的价格，甚至可以免费获得商品。

"砍价免费拿"活动是一种非常实用的裂变营销工具，可以让拼多多形成"病毒"传播效果，尤其是将其投放到各种活跃的微信社群后，宣传规模将呈现出指数增长，引流效果和范围会大幅扩大。下面为"砍价免费拿"活动的营销优势。

① 病毒式传播。用户自发分享"砍价免费拿"活动链接，从而引发更多的用户去分享拼多多，它可以让商家的产品或品牌在不经意间通过微信大范围传

播到许多人群中，并形成"裂变式""爆炸式"或"病毒式"的传播状况。

②快速引流。当用户"砍价"成功后，必定会进行消费，对于拼多多来说，引流效果非常显著。而且这些用户都是拼多多的优质潜在用户，他们对产品或服务有很大的兴趣，这等于在无形中帮助拼多多对客户进行了一次筛选工作。

③精准营销。拼多多可以通过"砍价免费拿"活动快速收集用户的信息，而且可以将其导出来，这些数据为拼多多的个性化营销和精细化运营都提供了很好的依据。

12.2.9　多多赚大钱：轻松拉动商品销量

"多多赚大钱"的活动入口位于拼多多 App 首页，商家可以借助这种高曝光资源位轻松拉动商品销量，如图 12-29 所示。"多多赚大钱"活动是在互动游戏中让用户获取优惠与奖励，同时还能获得相应的收益，这对于喜欢网购的用户来说确实是一个非常好的互动形式。

用户进入后可以点击"收取金币"按钮领取"金币"，还能获得升级奖励。同时，用户可以完成各种"金币任务"每天领"金币"，也可以进入"兑换中心"兑换"限时金币"和参与"好运大转盘"抽奖。"金币"可以用来兑换实物奖品或者优惠券，如图 12-30 所示。

图12-29　"多多大赚钱"活动界面

图12-30　"金币"兑换界面

"多多赚大钱"活动提供了各种丰富的社交玩法，用户可以邀请好友成为自己的"财神"，每个"财神"会在一定时间内持续为你产出"金币"，"财神"过期后需要用户再次邀请，每人每天可以助力3次。

拼多多平台的电商活动都有极强的社交属性，通常会要求消费者分享活动，发动多人共同参与，从而帮助商品或店铺实现裂变传播引流。

12.2.10 领券中心：集中发放商品优惠券

拼多多的"领券中心"活动在"个人中心"界面中有一个单独的频道入口，这里是平台商家为买家集中发放优惠券的地方，可以帮助消费者买到更具性价比的商品，如图12-31所示。

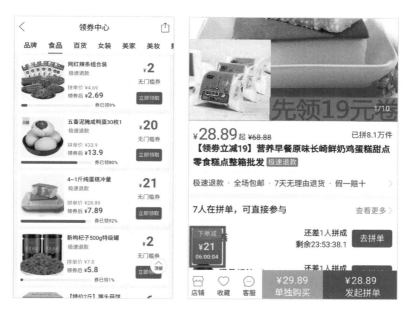

图12-31　"领券中心"活动频道和优惠商品详情页面

如果买家没有通过"领券中心"频道进入商品详情页面，是看不到这个无门槛商品优惠券的。也就是说，"领券中心"频道中的优惠券都是隐藏非公开的状态，不会显示在商品详情页、搜索页、类目页和其他资源位，只能展示在"领券中心"频道中的资源位上。

"领券中心"优惠券的资源位除了"个人中心→优惠券"入口外，还包括"推荐好券""多多果园→点击果树掉落领券中心专属券"以及拼多多App的消息推送。商家可自主在拼多多管理后台的营销活动中报名参与"领券中心"活动，如图12-32所示。

图12-32 "领券中心"活动类型

商家参与"领券中心"活动后，可以获得如下好处。
- 让商品获得更多展示资源位，以及获取精准流量。
- 助力新品推广，快速将新品打造为爆款。
- 帮助商家稳固爆款排名，提升市场竞争力。
- 刺激消费者的购物欲望，提高店铺的整体销售额。